U0851552

—情景—
案例版

销售精英

全能训练手册

任学武◎编著

中国铁道出版社有限公司
CHINA RAILWAY PUBLISHING HOUSE CO., LTD.

内 容 简 介

销售人员在工作时拼的不只是技巧，而是综合能力；销售的对象不只是产品或服务，还有销售人员自身。销售精英懂得以客户为中心，想客户之所想，供客户之所需，找该找的人，说该说的话，做该做的事，察言观色，牢牢锁定想要的订单。

本书融合了诸多销售精英的实战经验，透过案例分析、解读销售过程中出现的各种问题，并提出破解之道，提供行动建议，从心理、沟通、行为、性格、自我管控等多个方面教你如何做好销售工作，并告诉你成为一流销售精英需必备的综合素养，避开各种常见的销售误区。本书适合所有期待提高自身销售能力和销售业绩的一线销售人员和销售培训师阅读学习。

图书在版编目（CIP）数据

销售精英全能训练手册:案例实操版/任学武编著. —北京：中国铁道出版社有限公司,2019.7

ISBN 978-7-113-25705-7

Ⅰ.①销… Ⅱ.①任… Ⅲ.①销售-手册 Ⅳ.①F713.3-62

中国版本图书馆CIP数据核字（2019）第071953号

书　　名：销售精英全能训练手册（案例实操版）

作　　者：任学武

策　　划：巨　凤　　　**读者热线电话：**010-63560056

责任编辑：苏　茜

编辑助理：邹一丹

责任印制：赵星辰　　　**封面设计：**MXK DESIGN STUDIO

出版发行：中国铁道出版社有限公司（100054，北京市西城区右安门西街8号）

印　　刷：三河市宏盛印务有限公司

版　　次：2019年7月第1版　2019年7月第1次印刷

开　　本：700 mm×1 000 mm　1/16　**印张：**14.25　**字数：**205千

书　　号：ISBN 978-7-113-25705-7

定　　价：49.00元

前言

FOREWORD

在销售工作中，你是否有过这样的经历：客户态度冷漠，而自己仍然满腔热情地滔滔不绝；客户刚一开口议价，马上就做出让步；前期工作做了一大堆，最后连谁是决策人都没有搞清楚；一遇到客户拒绝便立刻觉得没戏，直接放弃……

销售是一项富有挑战性的工作，并不是所有的销售人员都能成为赢家。有的人热情饱满、成绩斐然；有的人却业绩平平、连受打击。是什么原因造成如此巨大的差距呢？

很多销售人员常常将客户不签单的原因归咎于客观原因，比如市场不景气，产品报价比竞争对手高，客户很难打交道等，却很少从自身找原因。这些销售人员不仅缺乏销售技巧，更缺乏相应的职业素养，以致错失了很多签单机会。

销售精英懂得供客户之所需，说该说的话，做该做的事，察言观色，牢牢锁定想要的订单。信任是成交的基础，能否在最短的时间内获得客户的好感和信任，取决于销售人员的综合素质和能力。销售精英能准确把握客户的心理，听懂客户的弦外之音，并能通过客户的肢体语言看透其真实想法，有意识地采用客户喜欢的方式进行沟通，从而顺利达到成功销售的终极目标。

有一句古老的商业格言：“条件一样，人们想和朋友做生意；条件不一样，人们还是想和朋友做生意。”顶级销售人员的销售过程就是一个给客户朋友般的感觉，并与之建立良好关系的过程。在这一过程中，客户会逐渐对销售人员及其产品产生良好的印象：客户知道你是最专业的，你的产品是最优质的，你对客户的承诺一定能准时兑现；当客户遇到问题时，你是他第一个想打电话咨询的人……

本书融合了诸多销售精英的实战经验，透过案例分析，解读销售中出现的各种问题，并提出破解之道和行动建议，从心理、沟通、行为、性格、自我管控等多个方面教大家如何做好销售工作，并概括指出成为一流销售精英需必备的综合素养，避开各种常见的销售误区。

本书立足实用，重在干货，将“大而空”的传统销售理念转换成“小而精”的销售训练技巧，让销售变得简单、有趣、高效，帮助销售人员摆脱困境，成功签单。

本书适合期待提高自身销售能力和销售业绩的一线销售人员阅读学习。

编　者

2019 年 2 月

目录

CONTENTS

经典销售案例索引

第一章

做销售要有灵活的头脑，在没有机会中创造机会

销售策略

销售重在细节，有时看似成交可能性很大，但一不注意就丢了订单；有时看似没有机会，却又能手到擒来。在销售过程中，我们不仅要具备高超的销售技巧，更重要的是要有聪明的头脑，不然找到的客户还是会离开，就像从来没有出现过。

一、如何建立良好的第一印象——把握好见面的前 40 秒

“销售能否成功，在于见面最初的 40 秒。”这句话可能有些夸张，但第一印象的确不能被忽视。如果没有给客户留下良好的第一印象，销售人员就很难与客户再次见面。

那么，销售人员要如何建立良好的第一印象呢？这就要求我们在以下几个方面做到位。

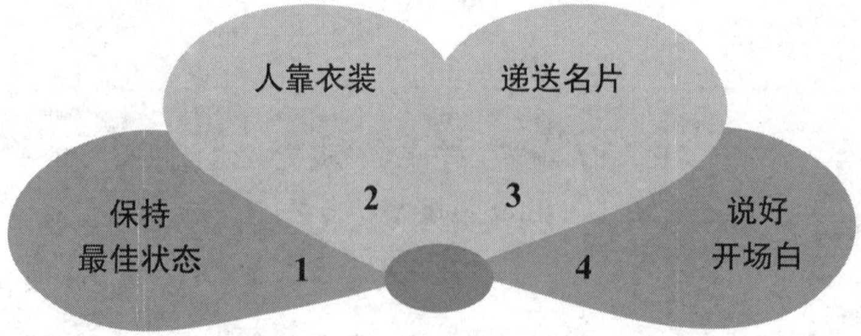

1. 保持最佳状态

作为销售人员，我们在第一次与客户见面时，难免会有些紧张，而紧张的情绪对洽谈业务是十分不利的。为了缓解紧张的情绪，我们不妨适度微笑，让自己看起来更大方得体。

与客户见面时，体味是一个特别重要的注意事项。如果我们的体味让人觉得难受，会给客户心中留下不干净、懒惰的印象，同时也是对客户的不尊重。

因此，除了日常清洗之外，我们还可以在见客户之前往身上喷洒一些气味清新的香水，同时要避免吃气味比较冲的食品。如果恰巧吃了，可以使用口气清新喷雾，快速去除口腔异味，还要记得及时漱口，以免牙齿上沾有食物碎屑，有失形象。

另外，自身的精神状态也很重要。良好的精神状态可以由内而外散发自身

魅力。首先我们要给人一种很有精气神儿的感觉，要充满活力，如果萎靡不振，昏昏欲睡，客户自然没有心情与我们展开交谈了。

2. 人靠衣装

良好的外表不仅体现在漂亮的面孔上，还体现在整洁得体的穿着上。销售人员的穿着应该和自己的身份、销售的产品和公司的形象相符。因此，如果公司有统一的服装，最好穿公司提供的工作服装，这样可以让客户感觉我们的公司很正规，有良好的企业文化。如果公司没有统一的服装，那么要尽量穿职业装。

男士可以穿深色的西装，白色的衬衫，衬衫必须束在裤子里，衬衫袖口超过西装袖口大约两手指的宽度；在选择领带时不要选择过于花哨的颜色，以中性色彩为宜，且要与西装、衬衫的颜色相搭；裤子不能过长，以免给人拖沓的印象；皮鞋一定要保持干净，不要穿白色的袜子。

女士适合穿职业套装，以简洁、明快为原则；不能染发，不能过分暴露，以免给人以轻浮感，哪怕天气再热也要保持仪表的整洁大方。

3. 递送名片

与人初次见面时，递送名片已经成为一种礼节。作为销售人员，我们一定要随身携带名片，以免在需要时找不到名片而尴尬，甚至会让对方以为我们对其不尊重，从而产生抵触情绪。

名片虽轻，但递送名片也不能随意，应该符合以下要求。

（1）先递出自己的名片

递名片时，我们一定要用双手递出自己的名片；接名片时，我们也要用双手接过客户的名片。

（2）浏览客户的名片

接过客户的名片后，我们要快速浏览一遍上面的信息，以示尊重，同时也能够使我们对客户有一个更加准确的认识。

当然，我们只需稍微浏览一下即可，千万不能花费太多时间去看名片，而把客户晾在一边，这样就有些不礼貌了。

（3）不要玩弄对方的名片

在浏览客户的名片后，我们要及时把名片妥善收起来，可以放到自己的名片夹中，切忌将名片随意丢在桌上或者玩弄名片。名片是人的“第二张脸”，随意丢掉或者玩弄客户的名片是对客户的极度不尊重。

4. 说好开场白

开场白一定要能够吸引客户的注意力，激发其兴趣，使其乐意交谈下去。一个成功的开场白一般要具备以下要素。

1. 感谢客户与我们见面，并寒暄、赞美。
2. 自我介绍或问候。
3. 介绍拜访的目的，突出客户的价值。
4. 探测客户的需求，以对客户提出问题结束，好让客户开口讲话。

案例 1　销售人员开场白运用得当，让陌生客户面带微笑地与之交谈

销售人员李天路通过电话预约与客户陈先生见面。陈先生事务繁忙，这一次见面是抽出时间来和李天路洽谈业务的。李天路十分珍惜这次机会，如约来到陈先生的办公室。

一进来，李天路就问候道："陈先生，您好！感谢您在百忙之中与我见面！"

李天路大体看了一下客户的办公室，对客户说："陈先生，您的办公室装修得虽然简洁，但很有品位，风格素朴，书香气息很浓厚，看得出来，您肯定是一位做事干练、喜欢读书的领导！"

陈先生笑着说："哪里哪里，只是稍微装饰一下而已。"

说完以后，李天路先递出了自己的名片。"这是我的名片，请您多多指教！"

陈先生双手接过李天路的名片，仔细浏览了一下，然后装进了名片夹里。

李天路问道："陈先生，您以前接触过我们公司吗？"

李天路说完停顿了片刻，以留给客户一些时间思考他提出的问题。

陈先生摇了摇头。

李天路继续说道："我们公司是国内为客户提供个性化办公解决方案和办公设备最大的公司。我们了解到现在的企业不仅关注如何提升市场占有率，同时也非常重视如何节省管理成本。您作为企业的负责人，肯定十分关注怎样合理配置您的办公设备，以最大程度地节省成本。因此，今天我特意来与您见面，看我们公司能为您提供什么服务。请问，贵公司目前正在使用什么品牌的办公设备？”

李天路说完以后，陈先生终于面带微笑地与他详谈起来。

在这个案例中，李天路之所以成功，是因为他的开场白具备了五个基本要素，即寒暄、赞美，自我介绍、突出客户的价值与向客户提问。

与客户见面时，客户对销售人员的第一印象建立在其外表与言行举止上，而开场白则是对第一印象的再次定格。说好开场白，给客户留下的印象会更深刻，好的廾场白是成功的一半。

销售技巧

与客户初次见面，我们一定要给其留下良好的第一印象。第一印象首先体现在外表上，销售人员要衣着整洁，与职业形象相符，不能留有难闻的体味，精气神儿要好。除此之外，我们还要说好开场白，使客户对我们的第一印象更加深刻。

二、客户有自己的风格——站在客户的角度调整策略

客户说“甲零售商不及时支付货款”，销售人员却说“没关系，再耐心等等就好了”；

客户请求出示数据材料，销售人员却在不顾一切地侃侃而谈；

客户说“我需要时间思考一下”，销售人员却在不耐烦地敲桌子……

如果我们和客户根本不在同一个频道上，我们的拜访活动只能遗憾地中途退场。

一名优秀的销售人员应该具备同理心。所谓的同理心，是指站在客户的角度思考，设身处地为客户考虑。一个具备同理心的销售人员更容易和客户建立亲密的关系，受到客户的喜爱。

那些缺少同理心的销售人员在与客户沟通时常常无法体会客户的心情，

不能针对客户的当前情绪进行有针对性的应对，所以经常打击客户的情绪，使销售过程中的问题进一步放大，从而失去客户。

案例2 销售人员不理解客户的苦衷，客户备受打击拒绝签单

刘佳甄与客户在约定的时间见面了。客户本来很有意愿与刘佳甄签单，于是他在交谈时说出了自己的困难："现在的零售商总是拖欠货款，我真的是快要被气坏了！"此时，刘佳甄本应站在客户的角度考虑，及时安慰一下客户，安抚好客户的情绪，然后再谈其他的事情。

然而，刘佳甄只关注自身需求，匆忙说道："这算什么事啊！零售商总不能不给您钱吧？您先从我这里进货，然后耐心等等就好了。"

刘佳甄这样说话，对客户的打击无疑是巨大的，好像客户说的困难一点也不严重似的。客户非常生气，拒绝与他签单，一声不吭地就离开了。刘佳甄就这样失去了宝贵的一单。

真正有同理心的销售人员会注意到客户习惯的沟通方式，按照客户的沟通风格调整自己的说话方式，努力做到与客户一致，从而建立一种亲近的关系，以此增加客户对自己的好感度。

比如，客户说话速度比较缓慢，而且声音不是很大，我们就要尽量调整自己的语速，心平气和地与客户说话。如果我们一直大声说话或者语速很快，就会让客户难以适应，甚至根本听不清我们说话的内容。说话过快往往会让客户认为我们不想与他说话，这样一来，客户自然也就不想和我们说话了。

客户在与销售人员交谈时，谈话的方式主要分为以下三种。

1. 视觉型

习惯用视觉处理信息的客户，比较注重用图像的方式看待问题，他们经常说的话是"我想到一个画面""说给我看看"等。

我们如果察觉到客户这一点，就要有意识地使用具有视觉性的语言，从而更好地建立与客户的关系，或者表达清楚一个观点。

“我可以让您看看我们为其他客户提供了哪些服务。”

“这就是我们能为贵公司提供服务支持的结构图。”

2. 听觉型

通过听觉处理信息的客户，注重用聆听去了解信息。他们经常说的话是“听上去好像”“再给我说点儿”“听起来不错”等。

这类客户总希望我们说得更多，不想看到一大堆图表之类的东西，如果我们用图表传递一大堆信息，客户就会感到厌烦。因此，我们在与这类客户交谈时应该收起图表等视觉化工具，将图表中的内容用自己的语言阐述出来。

3. 思考型

这类客户说话谨慎，不急于回答我们提出的问题，而是花时间去处理这些信息。他们经常说“我希望都了解了之后再做决定”“给我一些时间思考一下”“我的直觉告诉我”等。

我们不能对这类客户显露出不耐烦的神情，而应该耐心等待他们的回应。

销售技巧

有同理心的销售人员擅长在与客户交往时读出客户的心理，站在客户的角度为其考虑。当了解客户的沟通风格后，销售人员应该调整自己的沟通方式，与客户保持一致，以使自己更受欢迎。

三、客户需要被重视——聆听是最好的尊重

客户谈兴正浓，销售人员却漠不关心，客户以为自己是在“对牛弹琴”；客户话未说完，销售人员却抢占话题，滔滔不绝，客户时时被噎得说不出话来。最后，客户只能闭口不言，双方一拍两散。

没有耐心的销售人员很容易在聆听前就采取行动，当客户说出某个问题时，他们会立即进入解决问题的流程中，希望能尽快为客户提供解决方案。

销售人员以为客户的倾诉是其购买信号，但他们并不知道客户面临的问题有多大，他们能否解决。客户是否愿意花时间和金钱让他们去解决呢？如果想

知道答案，销售人员必须耐心倾听客户的话，听完以后再提出自己的解决方案。因此，销售人员要掌握另一项技能：冲动控制。

掌握冲动控制这项技能以后，我们就可以控制做出某种行为的冲动或诱惑。一般来说，成功的销售人员都拥有很强的冲动控制能力，擅长在说话前认真聆听。

聆听主要有两个作用：一是了解客户信息，二是尊重客户。

聆听客户的话，我们可以从中发现客户更多的潜在需求，找到更好的解决办法，从而更有利于说服客户。另一方面，客户有时会有一些抱怨，我们主动聆听客户的倾诉，会让客户感觉被尊重，由此与我们产生亲近的心理，为下一步双方的深入沟通打下坚实的基础。

案例3　好嘴巴不如好耳朵，善于倾听让客户撤销投诉

力行电动车公司的产品一直受到广大消费者的青睐，不过最近遇到一位非常难缠的客户。这位客户认为他买的电动车质量有问题，给他造成了损失，说要投诉到媒体和消费者协会。力行电动车公司想尽快解决这个麻烦事儿，于是打算派人去和这个客户交涉。

经过商议，公司高层决定派刘凯宣去和客户交流。刘凯宣是一个口才很好、能言善辩、思维敏捷的人。他见到客户之后用很多事实和数据讲道理，把客户说得无言以对。当时客户没有再说什么，公司以为此事解决了，谁知客户过了一段时间又开始吵闹个不停，而且闹得比之前更厉害了。

公司决定再派一个人去，这次派谁去呢？经过商议，公司吸取了上次的教训，换成脾气温和的张志东去见客户。张志东口才并不好，但是非常善于倾听。他去了之后静静地听客户抱怨，而且简单地回应“是，是这样”，并对客户的遭遇表示同情，鼓励客户把不满情绪都发泄出来。

客户唠唠叨叨了几个小时，后来张志东又去了几次，继续倾听客户的不满和抱怨，等到第四次上门的时候，客户改变主意了，表示不再追究此事，而且撤销了向有关部门的投诉。

张志东就是用倾听的技巧疏导了客户的不满情绪，让客户感受到被尊重。其实，很多客户抱怨就是为了得到尊重。尊重并不是给他多少钱或者给他多少东西，有的时候就是静静地听他说话而已。

因此，在化解矛盾或者解决客户纠纷的时候，如果伶牙俐齿或者好口才不能解决问题，注意倾听也许能发挥超乎寻常的作用。

销售技巧

销售人员应该掌握冲动控制的技能，注重聆听客户的话，从中发现更多的客户信息；当客户抱怨的时候，销售人员的耐心倾听是表达尊重的有效手段，可以拉近与客户的心理距离，为进一步的业务发展打下良好基础。

四、说得太多，客户反感——言简意赅，别耗尽客户的耐心

在与客户见面时，销售人员最常犯的一个错误就是喋喋不休。销售人员喋喋不休的原因主要有两个：一是过于热情，二是由于紧张。

很多销售人员认为，如果不热情，对客户冷漠，客户得不到被尊重，就不利于销售。因此，他们一见到客户就表现得十分热情，甚至过于热情，说话过多，以至于使客户生厌。

有的销售人员因为害怕失败，害怕得不到客户的认可，因此在见到客户时紧张不已，以至于说话语无伦次，根本无法让客户了解到必要的信息。

我们在了解和掌握足够的产品信息的同时，有必要培养和锻炼自身的语言组织和表达能力，尽可能地用最清晰、简明的语言使客户得到想要知道的相关信息。

销售人员言简意赅主要注重以下三个方面。

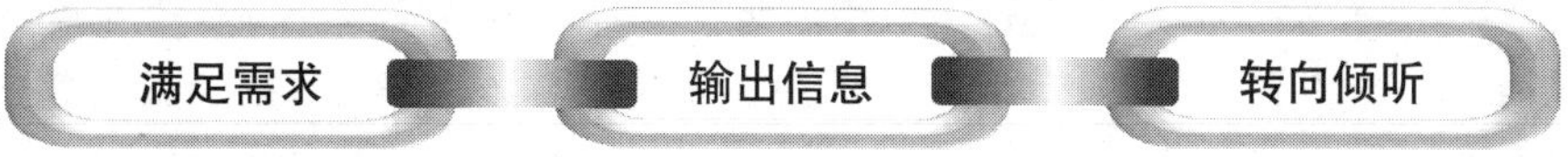

1. 满足需求

对客户的需求而言，有时客户“无需求”本身也是一种需求。

满足客户注重自我选择的需求，可以使销售工作顺利进行。因此，我们要充分了解客户的这种“无需求”，为其提供无干扰的服务；反之，如果我们对客户的需求不了解，就喋喋不休地介绍产品或服务，一般不会给客户留下好

的印象。

举一个非常形象的例子，当大家逛超市时，走到洗护用品专区，导购就会过来主动向我们推荐商品，介绍商品的优势，并说最近在搞活动，机不可失。遇到这种情况，很多人会立即走开。

喋喋不休的说话方式为什么这么招人反感呢？原因有两点，一是没有人天生就喜欢被他人打扰，所有人都愿意在自己的需求之下得到别人的帮助；二是很多人愿意将逛超市作为一种休闲方式，希望自主地选择喜欢的东西，根本不愿听导购在一旁喋喋不休地介绍和推荐。就算导购说得天花乱坠，如果得不到消费者的认同，最终也很难卖出去商品。

2. 输出信息

言简意赅，所谓“言简”，就是指话语简练，不说多余的话；而“意赅”则指意思表达得清晰完备，使人明白。我们在说话时对话语不仅应有“量”的要求，还要有“质”的要求，一定要用最简洁的语言表达出最多的信息，突出重点地销售产品。这需要我们对产品相当熟悉，并且具有良好的语言表达能力。

案例 4　麦肯锡痛失大客户，吸取教训，首创“电梯演讲”

麦肯锡公司曾经为一位重要的大客户做咨询，该公司的项目负责人带领团队持续进行了 3 个月的准备工作，报告纸厚达 300 页，其中有详尽的建议、改进措施以及实施方案。不仅如此，为了证明这些结论，该团队还准备了 5 本数据分析和调研报告的附录，并配有大量的原始资料。

这位重要客户对提案也非常重视，安排了公司的所有高管出席，并请到了公司 CEO 以及董事会的主要成员，同时还将报告打印出来，并刻录成光盘分发给与会人员。

会议当天，项目负责人信心十足地来到会议室，做好一切准备工作。然而，客户突然遇到紧急情况，不得不终止会议，马上离开。

就在客户公司的 CEO 进入电梯的时候，他对项目负责人招手说：“能否利用我到停车场的时间，说说你们报告的主要内容？”

由于该项目负责人没有做好相应的准备，而且即使有准备，也无法在电梯内的 30 秒钟把内容说清楚。最终，麦肯锡公司失去了这位重要客户。

从那以后，麦肯锡公司意识到说话简洁的重要性，要求公司员工凡事要在最短的时间内把内容表达清楚，直奔主题。麦肯锡认为，凡事要归纳在 3 条以内，这就是如今在商界流传甚广的“30 秒钟电梯理论”，或称“电梯演讲”。

3. 转向倾听

我们要时刻注意客户的反应，当客户想要说话时，我们要及时停止说话，做一个专注的倾听者。我们必须明白什么时候该说，什么时候不该说，以及该说什么，这些都需要用心去体会和感悟。

销售技巧

销售人员一定要对自己的产品非常熟悉，这样才能在与客户交谈时做到言简意赅，在最短的时间内表达出最多的信息。销售人员不仅要口才好，而且头脑要冷静，不能光顾自己说，要注意客户的反应，注意给客户说话的机会。

五、与客户太热情——再熟悉，也要有距离

距离产生美，有距离并不代表不热情，而是给自己留一点缓和的余地，以免过分热情招致别人的反感。

销售人员不管与客户多熟悉，也不能与客户走得太近。因为每个人都有一个自己的安全距离，距离客户太近，客户很容易产生抵触心理。

当提到与客户不能太近时，有的人只想到空间距离，其实这是很片面的。安全距离不仅包括空间距离，还包括心理距离。在与客户谈话的过程中，我们尽量不要谈论隐私话题，哪怕是客户不经意间提起，我们也不要“接盘”。

A 销售人员王灿为了与客户说话方便，一直紧挨着客户，客户一抬头就看到了他的头皮屑。当他离开后，客户脸上的笑容瞬间就消失了。

B 销售人员白羽和客户很熟了，已经成为朋友。一天，客户聊天时谈到自己与妻子的婚姻状况，销售人员没多想就谈了自己的看法，后来发现客户慢慢地与他疏远了。

作为一名销售人员，与客户做朋友，走动多一点儿本无可厚非。但凡事都有一个“度”，如果不知分寸地侵犯客户的私人空间，客户怎么可能不反感呢?

尽管有些隐私话题是客户在不经意间提起的，但销售人员也要注意不能随意议论，彼此毕竟不是知根知底的人，只是工作关系，且涉及很多利益问题，距离太近只会激起对方的防范心理。

案例5 导购员退到一旁等候顾客挑选，最后成功地卖出裙子

赵曼来到一家商场选购衣服。导购员看到后立刻迎了上去。

“您好，女士，需要帮忙吗？”

赵曼连连摆手：“不用，我想自己看看。”

导购员退到一旁，但没有离开，一直和赵曼保持一定的距离。当赵曼最终把目光停留在一件粉红色的裙子上时，导购员走到赵曼的身旁。

导购员说：“如果您喜欢，可以先试穿一下。”

赵曼说：“好吧，那我就试试这一件。”

赵曼穿上正合身，而且更显气质了，于是心满意足地买了这条裙子。

导购员的做法是明智的，她没有紧跟着赵曼，也没有主动向赵曼推销，而是和赵曼保持在一个合适的距离，给赵曼提供一个自行选购的氛围，当时机到了再上前提供服务。有了这样贴心的举动，赵曼自然很高兴。

在与客户交谈时，我们要了解客户公司的运营情况、项目计划、人事变动等。如果在谈正事时，客户谈到隐私话题，我们最好巧妙地避开，然后转移话题。因为我们对客户的秘密知道得越多，与客户的关系就越复杂，工作可能就越不好处理。

案例6 聪明的销售人员懂得适可而止，赢得客户喜欢

王胜是一个特别擅长与客户打交道的销售人员，说话注意分寸，很多客户非常喜欢他。有一次，客户刘总在与他交谈时表现得很难过，说："最近我心情比较差。"

王胜说："刘总，怎么回事？能让我帮您分担一下吗？"

刘总说："唉，你不知道啊，我老婆真是太任性了！最近总是无端和我吵架，我每天都在外边奔波，赚钱养家，她还这样挑刺，你说说看，她这样做合适吗？"

王胜笑了笑，没有说话。刘总看到王胜的反应，也知道自己说得有点儿多了。

王胜这时举起茶杯，说："刘总，我们喝茶。"

刘总："好，喝茶。"

于是，王胜和刘总又开始聊起别的话题。谈话氛围很融洽，王胜因此赢得了客户的喜欢。

其实，王胜明白自己可以发言的场合和话题类型，遇到不能说的话题自己就规避，坚决不介入客户的隐私世界，这是非常聪明的做法。

和客户保持安全距离是尊重，客户私人空间不受侵犯，我们要随时注意与客户的距离，给客户创造一种轻松、愉快的交流环境，为成交埋下伏笔。

我们拜访客户时大多数是在客户的办公室里，此时客户的办公桌范围便是安全距离的界限。进入办公室以后四处张望，随意走动，未经客户同意随意看客户的计算机与文件，或者随便拿起客户桌上的物件，这些行为都会让客户感觉受到冒犯，与我们的关系也会随之紧张起来。

销售技巧

我们要保持与客户的安全距离，这主要体现在空间距离和心理距离上。我们不能与客户离得太近，也不能与客户聊有关隐私的话题。如果是客户主动提起隐私话题，我们也要巧妙地转移话题，不然很有可能会触碰到客户的内心防线，导致客户反感。

六、客户对你很冷漠——热情对待，降低客户的戒备心理

销售人员几乎都遇到过冷漠的客户，不管如何积极地与客户沟通，客户总

是不发表意见，爱答不理。很多销售人员在面对冷漠的客户时会知难而退，或者不自觉地用同样的冷漠态度对待客户，这样做自然无法销售成功。

成功的销售人员之所以能将各类客户收入“囊中”，关键在于他们善于与各类客户打交道，哪怕是遇到冷漠的客户，他们也能通过努力化解客户的冷漠，并将其冷漠转化为对产品的兴趣。其实，越是冷漠的客户，越需要销售人员的热情相待。

案例7　销售人员用自己的热情温暖冷漠的客户，小厂家产品上架大商场

有一天，李天浩满怀热情地去拜访一位客户，希望能说服客户购进他们公司的服装，能在商场上架销售。

李天浩说明来意后，客户十分冷漠地说：“你们是做服装的？”

李天浩热情地回答：“嗯，是的。”

客户思索了一会儿，继续问道：“你们的服装质量如何？”

“质量方面您可以放心，我们公司最注重的便是质量，坚持以质取胜。”李天浩说话的时候带着自豪的神情。

不过，客户仍然很冷漠，说：“是吗？你们公司有自己的工厂吗？工厂有多少人？是正规的厂家吗？”

李天浩说：“我们当然有自己的工厂，而且是正规的厂商，生产员工有100多人。”

客户冷淡地说：“才这么点儿人，凭什么取胜呢？”

“有价格优势，但质量绝对过关，而且我们是怀着真诚的态度来找您合作的。”

客户说话时有点儿找茬的态度：“据说小生产厂商管理都很混乱，管理混乱的厂商生产出来的产品，质量怎样就不用我说了吧？”

李天浩微笑着说：“我们厂的管理非常严格，而且有专门的质检员，每道生产工序都有严格把关的负责人。如果您有时间，欢迎到我们厂参观考察。”

客户依然不相信，又问：“谁都会说，可是你拿什么证明你说话的真实性呢？”

李天浩一直保持着微笑，对客户郑重承诺：“我们公司可以为您提供差旅费，您可以亲自去考察，到了那里以后，我相信您一定会满意的。”

客户似乎还有些犹豫，对李天浩说自己再考虑考虑。

后来，李天浩多次拜访客户，客户忙着搬运商品时，李天浩也跟着一起帮忙，为其付出最大的热情。经过他的不懈努力，客户终于被李天浩的热情所打动，答应前往工厂考察，结果对他们的工厂很满意，最后订购了大批服装，在商场上架销售。

在面对客户的冷漠时，我们应该积极寻找方法与策略，即使客户再怎么冷漠相待，我们也不可让自己的热情消失。一旦失去热情，销售工作便很难开展，更难达到成功销售的目的。

销售技巧

当面对客户的冷漠时，我们一定要付出饱满的热情。热情是有感染力的，客户越是冷漠，就越需要我们用热情来解除客户内心的防卫心理。

七、说话场面一度尴尬——用幽默活跃气氛

尴尬有时会不请自来，窘迫的感受会让人想找一个地缝钻进去。那么，如果我们在销售过程中遇到意外的尴尬，该怎么办呢？

此时，幽默可以帮助我们化解危机，应对窘境，以更轻松、包容的心态处理问题。

案例 8 销售人员演示失败，一句幽默消除尴尬局面，使订单起死回生

吴宣是一名机智幽默的销售人员，每次遇到紧急情况都能运用自己的幽默化解难题或尴尬。

有一次，他在客户面前介绍钢化玻璃酒杯。他信心十足地做完了产品介绍，打算向客户进行示范，以证明酒杯即使摔在地上也不会有问题。然而，他那天带去的酒杯中碰巧有一只酒杯的质量没有过关。当他猛地一扔，酒杯摔碎了，气氛顿时尴尬不已。

吴宣以前在销售酒杯的时候从来没有遇到过这种事情。他很吃惊，但仍然十分镇定。客户目瞪口呆，因为他们原先已相信了吴宣的介绍，只是想亲眼见

识一下，使自己更放心罢了，结果却出现了令吴宣和客户如此尴尬的局面。

吴宣迟疑了不到3秒钟的时间，微笑着说："你们看，像这样的酒杯，我就不会卖给你们。"大家一听，都会心地笑了，气氛也变得活跃了，吴宣接着又扔了5只杯子，都完好无损。

吴宣凭着随机应变的能力赢得了客户的好感，用5只完整无损的酒杯赢得了客户的信任，因此获得了客户的大订单。

幽默能让人放松，我们要善于运用幽默营造令人轻松的气氛，为客户创造快乐，使其感到轻松。除了缓解尴尬以外，如果谈话的氛围不够热烈，或者客户对我们有一些抵触，我们不妨在适当的时机说一点儿小幽默，可以缓和与客户之间的对立气氛。

在运用幽默时，我们需要注意以下几点。

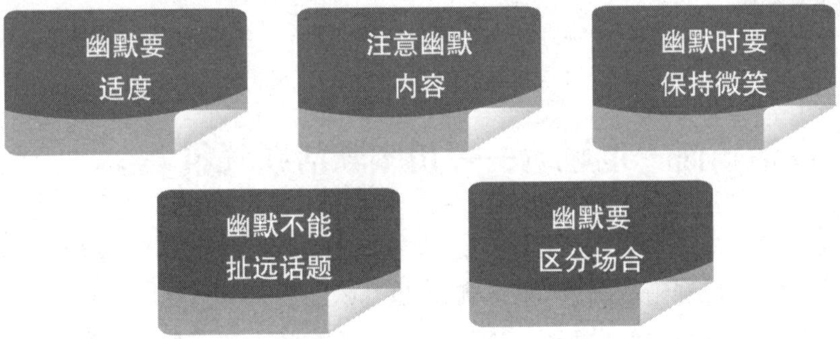

1. 幽默要适度

凡事都不能过度，过犹不及。我们在销售时适当幽默一下，可以减轻客户对我们的抵触心理，但若掌握不好分寸，则会给客户留下轻浮和不可靠的印象。

2. 注意幽默内容

如果幽默的形式是调侃，我们可以对突如其来的尴尬情景进行自我调侃，但不能拿客户的隐私说笑，以免让客户觉得自己没有受到尊重。在说一些幽默内容时，我们要注意措辞严谨，以免引起客户的误会。

3. 幽默时要保持微笑

幽默的目的是为了让客户轻松，使其高兴。如果我们在幽默的过程中面无表情，一本正经，本来很有意思的幽默就会让客户误解为是在讽刺他。这样做很有可能破坏我们与客户建立起来的良好关系。因此，在进行幽默沟通时要注意保持微笑。

4. 幽默不能扯远话题

幽默不是目的，而是手段，它是为销售服务的。我们千万不要光顾着说好笑的幽默笑话而忘记原本的目的，使交谈的话题远离销售，这样无疑会将客户的思路越拉越远，冲淡销售氛围，导致交易失败。

5. 幽默要区分场合

如果遇到一本正经、喜欢直截了当的客户，我们就不要故作幽默；如果是在比较严肃的会议中或是商谈比较重要的事情，要保持严肃、认真。

销售技巧

在销售过程中，我们可以合理地运用幽默来化解突如其来的尴尬，缓解客户的对立情绪，使客户与我们更亲近，关系更密切，这样成交的机会也就更大。

第二章

拉近与客户的心理距离，找准签单的触发点

销售策略

最接近客户的地方，就是最靠近客户心灵的地方。沟通不过是让两颗本来陌生的心距离变近，让两个原本防备的人变得相互信任，让两个抗拒的人变得彼此依赖。对销售人员来说，拉近双方的心理距离是走向成功的第一步。

一、你说的客户都不想听——聊双方都感兴趣的话题

销售人员要想赢得客户，就要知道客户对什么感兴趣。

初次见面的客户总是对销售人员抱有很大的戒备心理，甚至有些销售人员尚未说出自己的产品就被客户拒绝。

面对客户的防备，我们很难直接拉近双方的心理距离，此时需要搭起一座连接彼此内心世界的桥梁，找到与对方共同感兴趣的话题。这样双方就会从感兴趣的话题说起，开始一场融洽的谈话。

案例 9　保险销售人员巧借公益活动引起客户共鸣，成功签约保单并收获友谊

张青是一家保险公司的销售人员，打算向一位大学教授销售保险，而这位教授却是一位极难“伺候”的客户。

张青还未开口，教授便开始不停地指责保险公司，从保险销售人员的不尽职到保险理赔的问题，从一个保险公司到整个保险行业。张青几次想开口，都被教授打断，甚至没能完整地介绍一种保险。教授说完以后就要赶张青走。张青心灰意冷，觉得这次没希望了。

就在张青起身打算离开时，发现教授办公室的墙上挂着很多参加各种义工活动的照片。张青意识到这也许是个机会，马上夸赞教授热心公益。

教授问：“你也对公益活动很感兴趣？”

张青诚恳地说：“我也特别热衷于公益活动，在业余时间会尽可能地参加志愿活动，不过跟您比起来就差太多了。”

教授表示理解，说现在的年轻人工作忙，能抽出时间去参加这些活动已经很难得了。张青向教授请教了这方面的经验。教授非常开心地向张青讲了很多他参加义工的经历以及他对公益活动的看法，最后还邀请张青加入了他参加的一个民间公益组织。

基于共同的兴趣爱好，张青不但成功签约了一张保单，还收获了一份友谊。后来张青经教授的介绍销售了很多保险，用教授的话来讲："这么热心公益的年轻人怎么可能会骗人呢？买他的保险肯定没错！"

在这个案例中，张青巧妙地利用教授对公益活动的热心来解除其防备心理，使其开心地接受了保险服务，并为张青介绍了很多客户，这就是共同话题的魅力所在。

在销售过程中，我们可以通过以下几种方式来寻找与客户的共同话题。

1. 谈谈天气和服装

"今天天气不错"是一句运用得非常频繁的开场白，不管谈话双方的身份、地位如何，这句话一般都不会给对方留下负面印象。

"您这身衣服很有品位。"夸赞对方的衣着总是令人愉悦的，尤其是女性，从对方的衣着谈起，很容易获得对方的好感。

这类比较大众的话题很容易引起共鸣，客户对这类话题也不会太抵触。这就需要我们平时多关注这些方面的知识资讯，从而在与客户交谈时用作谈资。

2. 谈谈时事新闻

我们要养成关注时事新闻的习惯，每天早上快速浏览一下最近的资讯，在与客户交谈时可以主动谈起一些在社会上有广泛讨论度的新闻。

当然，我们要注意客户所在的行业和身份，尽量选择客户有可能关心的新闻类型，最好选择一些比较轻松愉悦，能调动起谈话氛围的新闻，以免太过压抑的新闻影响对方的情绪。

除了关注新闻以外，我们还需要多读书，对问题最好有自己的见解和看法，在交谈中提出能够引起对方兴趣的观点。

3. 谈谈客户的休闲活动

谈论客户喜爱的娱乐活动，可以让对方主动将自己感兴趣的话题说出来，我们便可以此为突破口，找到双方的共同关注点，如运动项目、旅游等。

我们要提前搜集好客户的资料，了解客户经常参加哪些休闲娱乐活动，还要有一双善于发现的眼睛，在拜访客户时从客户的衣着、配饰、办公室环境等多个方面来推测客户的兴趣。细节决定成败，有时一个小发现就可能帮助我们获得一份大订单。

我们在与客户谈论共同话题时，首先要对这些话题有所了解，如果客户主动谈论起某些活动，我们却不懂，这样就会让对方与我们的内心疏远。我们不必对任何活动都了解得非常详细，但至少和客户谈话时，能跟得上客户的思路。

4. 谈谈客户的工作

我们可以主动询问客户工作方面的问题，让对方讲述他在工作上取得过的成就以及未来的发展目标等。每个人都渴望得到别人的认同，在工作中尤其如此，都希望自己付出努力后可以得到别人的赞美，自己憧憬的发展规划可以获得别人的赞赏。

我们要提前了解客户在事业方面取得过的成就，在交谈中主动提起最有代表性、最能满足客户自尊心的内容进行夸赞。

5. 谈谈客户的家庭

如果我们与客户的年龄相似，可以适当与客户谈论家庭方面的问题，这样也可以拉近与客户的心理距离，比如孩子的年龄、受教育情况、对孩子的教育方式、对孩子的规划等，还可以询问客户父母的健康状况等。当然，我们不能触及客户的隐私，以免激发客户的抵触情绪。

6. 谈谈客户的往事

美好的回忆能带来愉悦的感受，我们可以和客户聊一些能够引起回忆的话题，比如客户曾经获得过的荣誉、童年趣事、成长经历等；我们还可以寻找双方有交集的地方，比如对同一座城市的印象、共同关注过的事物、共同熟悉的人等。讲述这些值得回味的往事能让客户对我们产生一见如故的亲近感，为建立良好的合作关系打下坚实的基础。

销售技巧

将两个陌生人连接在一起的最好方式就是找到共同的兴趣，就相当于在彼此之间架起了一座桥梁，一场轻松、愉快的谈话就此展开，我们在这种氛围中怎么会不成功呢？

二、一见面就谈生意——生意缓一缓，先谈一谈生活

操之过急往往意味着过早失败，太渴望成功总会事与愿违。并不是每一件

事情都需要直接明确地表达出来，对销售活动来说更是如此。在销售中，两个点之间最短的距离不一定是直线，适当地迂回反而能取得更好的效果。

日本著名销售专家二见道夫评论过：“一开口就谈生意的人，是二流的业务员。”一开始就直奔主题的销售人员往往伴随着失败的结局，没有哪个客户喜欢一开始就急于表现自己销售欲望的人。操之过急不但不能获得客户的信任，还可能让客户反感，直接拒绝。

运动员在比赛之前需要适当热身，销售活动同样如此。销售人员在与客户交谈时可以先从生活方面谈起，说一些轻松的话题，不需要什么实质性的内容，然后循序渐进，最后达到自己的销售目的。

案例 10 房产销售人员让冷淡的客户笑了起来，一起谈天说地，消除其戒备

李妍是一位房产销售人员，在一次派发传单时认识了一位具有潜在购买力的客户，并约好周末上门拜访。

到了这一天，本来挺热情的客户却变得很冷淡，这让原本充满信心的李妍有些措手不及。

李妍思索了片刻，认为现在绝不是谈生意的好时机，于是把原来准备好的房产资料放下，开始跟客户聊起了生活：“何女士，周末就您自己在家，没有出去转转吗？”

客户叹了口气，说：“孩子们都去上学了，我老公忙着上班，自己一个人出去也没啥意思。”

李妍笑了笑，说：“您多出去走走还是挺好的。对了，您的孩子在什么学校读书？”

听到这个，客户态度好了一些，回答道：“一个读大学，一个在读研究生，都在外地，平时也不知道给我打个电话。”

“学业为重嘛，等他们学成了以后才能好好照顾您，您也一定希望他们能有所成就吧，多给孩子们一点儿空间。”李妍赶紧安慰客户。

客户现在的态度跟刚开始已经完全不一样了，她笑着说：“这倒也是，孩子们也有他们自己的生活。”

客户与李妍愉快地聊起了自己的生活。

李妍抬头看了看周围，说：“您家的房子装修得不错啊！这是多大的呢？”

客户这时已经放下了防备，回应道：“没多大，就两室，每次孩子们回来都特别不方便，还得两个人挤在一起，他们总是和我抱怨。”

李妍说：“是啊，孩子们大了就感觉不方便了，换一个大点儿的房子就好多了，这样孩子们也就愿意多回来了。”

客户问道：“你们那里有什么空间比较大的户型吗？”说到这里，客户的意图已经表达了出来，李妍也可以放心地介绍自己的房产了。

“前几天也有一位跟您情况类似的客户来我们这里看房，我向她推荐了一套四室 150 平方米的户型。我觉得这种户型很适合您，这样不但能满足你们夫妻和孩子的需要，还能留出一个备用的卧室……”李妍拿出准备好的资料开始详细地介绍。

客户一边认真地听着，一边思考起来。

李妍在意识到客户态度冷淡时并没有惊慌失措，而是选择先放下销售目的，和客户谈生活，成功地用闲聊的方式消除了客户的防备心理。在谈话过程中，李妍循序渐进地引导客户主动说出了自己的想法，最后成功地获得了客户的好感，为成功销售做好铺垫。

在这里，我们要避免三个比较容易出现的错误。

1. 开门见山，直奔主题，直截了当地向客户推荐产品。
2. 过度采用迂回策略，见了客户就开始乱扯，说话云山雾罩，让人不知所云，浪费客户的宝贵时间。
3. 见了客户说明来意后，便不知再说些什么，没话找话，客户爱答不理，自己也备感尴尬。

销售技巧

一个聪明的销售人员善于抓住销售的最佳时机，并想方设法巧妙地创造这种时机，以此来达成目标。先和客户寒暄，然后谈论生活，等到时机到来后再步入正题，一切都会水到渠成。

三、客户需要关心——没有关心，就没有关系

孟子曾经说过："君以国士待我，我当以国士报之！君以路人待我，我以路人报之！君以草芥待我，我当以仇寇报之！"每个人都渴望得到别人的关心和尊重，而在得到对方的关心后也总是会倾向于用同等的热忱去回报对方。没有人喜欢冷淡，更没有人愿意与冷淡之人交流、合作。

世界著名的销售大师乔·吉拉德、日本的保险推销之神原一平，以及世界著名的房产销售大王、推销训练大师汤姆·霍普金斯，他们都真诚地关注自己的每一位客户，和自己的客户保持着长久友善的联系，他们都认为关心客户、从客户的角度出发是销售工作的重要前提。

实际上，在现代营销理论中，销售人员的一项必备素质就是关心客户。销售人员只有主动接触客户、了解客户、关心客户，从客户的角度去看问题，才能获得客户的好感，从而与其建立友谊，获得客户的青睐。

案例 11 乔·吉拉德用信函对潜在客户表示关心，抢占购车客户的心智

乔·吉拉德认为，只要是他拜访过的人都是自己的潜在客户，而他在平时对这些潜在客户都十分关心。他每个月都会为这些潜在客户寄一封信函，在这些信函中并没有产品信息，而是简单的祝福语和问候。

比如，乔·吉拉德在 1 月份寄出的信函上印有精美、喜庆的图案，还标注着"新年快乐"的节日祝福，下面署名："雪佛兰轿车，乔·吉拉德上。"

2 月份，他在寄出的信函上标注着情人节的祝福语："请您享受快乐的情人节！"信函的下边仍然留有简短的签名。

3 月、4 月、5 月、6 月……客户每个月都可以从乔·吉拉德这里收到类似的祝福信函。最后客户都形成了接收信函的习惯，每到节假日总会期待他的来信。不要小看这些信函，它们所起的作用并不小，正是这些信函拉近了乔·吉拉德与客户之间的距离。

乔·吉拉德从来不会对客户说"希望您买我的汽车"这种话，但他总能给客户留下最深刻、最美好的印象。这些潜在客户一旦有了购买汽车的需求，往往第一个想到乔·吉拉德。

乔·吉拉德这样做就是为了让客户感觉到自己被关心。在他看来，充满人情关怀的信函是成功销售的有力武器，他总结道："这是一种有节奏、有频率的

的促销法。”

关心客户不只是一句口号或标语，而是需要我们的切实行动。只有真心诚意地关心客户，我们才能由内而外地将自己的热情表现出来，温暖客户。

案例 12 相识从关心开始，给孕妇最好的关心，订单自然而然到来

妇婴用品销售人员孙梦来到一个小区销售产品，她注意到绿化区的躺椅上坐着一位孕妇和一位老太太，她远距离观察一会儿后，从两人的外貌举止判断，这两人应该是母女关系。

孙梦一脸关切地走到孕妇身旁，用亲切的语气说：“姐，您还是别在椅子上坐太久，现在天气还很凉，孕妇应该尽量避免着凉。如果长时间受凉，可能会让寒气进入体内，对自己和宝宝都有不良影响。”

孕妇听了感觉说得有道理，并向孙梦表示感谢，旁边的老太太也提醒孕妇多注意。

孙梦接着说道：“您怀孕有六七个月了吧？”

孕妇回答之后，孙梦紧接着向孕妇介绍了很多在这个时段需要注意的事项，这些内容让孕妇和老太太都非常感兴趣。

凭借对妇婴知识的充分了解，孙梦给两人上了一堂精彩的妇婴课，并顺势推荐了自己的产品。最后两人开心地购买了孙梦的产品，并且互留了联系方式，以便长期联系。

每个人都明白“投桃报李”的道理，要想获得客户的好感，就要先让客户感觉到我们的关心。真诚的关心能让客户感到温暖，关怀的话语能洞穿客户的心灵。

要想在销售活动中让客户感觉到自己的关心，我们需要注意以下几个方面。

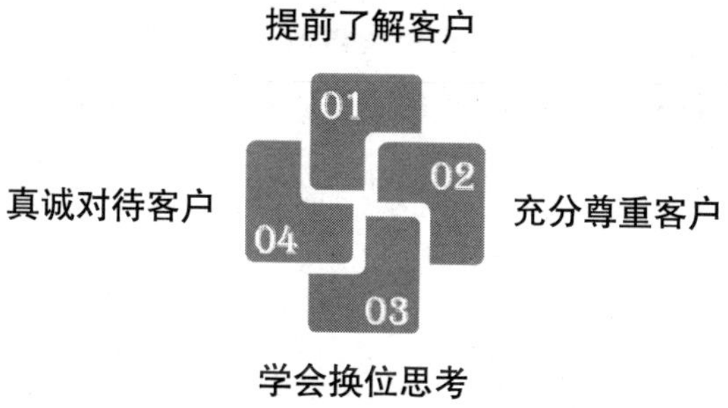

1. 提前了解客户

切合客户需求的关心才是最好的关心，所以我们要提前了解客户的需求，了解的内容主要包括客户目前面临的烦恼、健康状况、家庭状况、工作状况等，并在这些客户的资料中找到最能赢得客户好感的内容，对客户关心才会有的放矢。

2. 充分尊重客户

每个人都希望得到他人的尊重，尊重是沟通的基础，也是人与人交往中最基本的原则。我们在与客户的交谈中要多使用敬语，对客户的爱好和成就表示赞赏，行为举止要礼貌得体。总之，要让客户的自尊心得到满足，让客户感觉到我们的重视。

3. 学会换位思考

在与客户的交流中，我们要学会站在客户的角度上看待问题，想象如果自己是客户，我们的需求是什么，更关心哪些问题，会对哪些问题存有疑惑。从客户的角度出发来分析问题，才能让客户真正感受到我们的关心。

4. 真诚对待客户

关于真诚，乔·吉拉德说：“任何一个头脑清醒的人都不会在卖给顾客一辆六汽缸的车之前，告诉对方他买的车有八个汽缸。顾客只要一掀开车盖，数数配电线，销售就死定了。”

每次交易都不会是最后一次，我们绝不能靠欺骗客户来获得订单，因为如果客户发现问题，将会对销售产生巨大的不利影响。

销售技巧

尽管客户很明白我们对他表示关心是为了销售产品，但在感受到无微不至的关怀后还是会很满足。因此，我们一定要从内心深处去关心客户，就像对待自己的朋友一样。

四、做生意，要先做朋友——做客户的知己

大家都渴望找到一位能真心相待的朋友，在轻松愉悦、淡化功利的氛围中享受交谈的乐趣。

在销售活动中也是如此，如果我们与客户像知己一样谈话，可以增进彼此的感情。哪怕销售失败，我们与客户之间也会留下友谊，为以后的销售业绩增长埋下伏笔。

与客户建立良好的朋友关系是成功销售的关键，两个人从陌生到熟悉的过程也是销售业绩由低到高的转变过程。

案例 13　与富豪变成好友，销售人员获得富豪的订单并从其转介绍中获利

亨利在一次汽车展销会上认识了一位富豪，他觉得这位富豪是自己的潜在客户。

于是，亨利连续七次来到这位富豪的家里拜访他，但都没有引起他的兴趣，反而让他越来越不耐烦，每次都是三两句就把亨利打发走了。

第八次站在富豪家的门口时，亨利决定换种方式，不再去想业务的事情，而是完全以看望老朋友的状态去拜访富豪。

亨利从天气谈到艺术，从家具谈到时政，从来没有让话题中断过。等富豪有了兴趣后，便开始侃侃而谈，亨利就不再说话了，而是静静地听着，并不时地点头表示赞同。整整一天，亨利都在与富豪开心地聊天，谈话结束后，富豪还起身将亨利送到了门口。

亨利趁热打铁，连续三天都主动去拜访富豪，并跟他热情地聊天。富豪表示自己很久没有这样放松过了，感觉就像两个许久未见的老友一样，总是有谈不完的话题。

最后还是富豪主动地聊起了汽车领域，并委托亨利代为选购新车，在他眼里，早已经把亨利看作可以信赖的朋友了。后来，依靠富豪不断转介绍，亨利连连获得许多大单，不久，便成为当地的汽车销量冠军。

亨利之所以能成功，就是抓住了“知己”两个字，用自己的情感换来了富豪的回报。

客户不仅需要工作上的交流，还需要情感上的交流。其实，寻找客户、联系客户、维护客户都是在经营人际关系。找准自己的定位，学会做客户的知己，才能在销售活动中百战不殆，但做到这一点尤为不易，需要具备多方面的能力和素质。

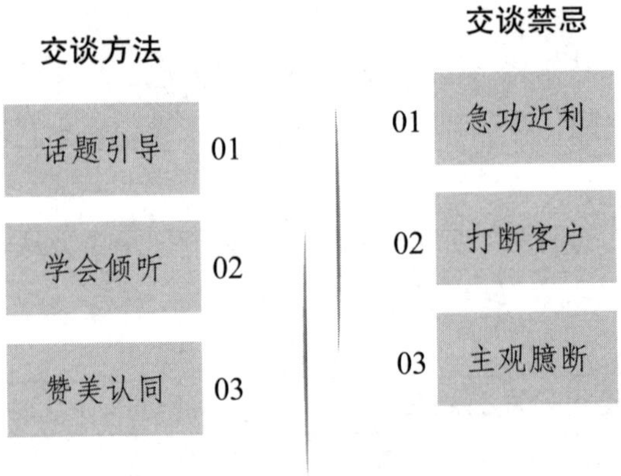

1. 交谈方法

（1）话题引导

一般来说，客户不太可能想与我们成为知己。要主动提出一些客户可能感兴趣的话题来打破僵局，通过询问客户的家庭、工作、观点、兴趣、爱好等来激发客户的沟通欲望。

（2）学会倾听

当客户主动谈起自己的兴趣爱好时，我们的引导目的就达到了，剩下的就是静静地倾听客户的心声。

（3）赞美认同

每个人都渴望在交谈中获得对方的回应，因为只有这样才能满足自己的倾诉欲。如果客户在兴致勃勃地讲述，我们却面无表情，毫无反应，客户会觉得我们对其不尊重。在客户讲述时，我们需要用点头、微笑等动作来回应客户，或者用简短、肯定的语言，比如“嗯”“是”“对”等，表示认同对方的观点。

2. 交谈禁忌

（1）急功近利

要想成功地与客户成为知己，应该避免在刚开始的接触中提及业务上的话题。我们要将自己的定位从销售人员转换成客户的好友，以好友的身份来接触客户。如果一开始就是咄咄逼人的态势，每句话都离不开销售，客户的抵触心理会更大，就难以对我们形成好感。

（2）打断客户

当客户的讲述与自己的观点不一致时，我们不要着急地打断客户，否则会让客户非常恼火，哪怕订单快要到手也会因此飞走。

（3）主观臆断

我们在与客户谈论某个话题时，如果不能明确客户的看法，尽量少说判断性话语，比如“……对，……不对”，一旦我们的观点与客户的观点相反，就会使其反感。在一些比较敏感的问题上，我们最好用一些比较模糊的话语来表达自己的看法。

销售技巧

据统计，80%的业务没有完成就是因为没有与客户建立良好的交际关系，在同等价位、同等服务、同等质量的情况下，想要赢过对手，人际关系是巨大优势。如果我们比对手更用心地对待客户，和客户成为朋友，那么签约的可能性就会更大。

五、亲和力创造信赖——把话说得亲切

国内外许多著名的企业家都十分重视员工亲和力的培养，尤其是销售和服务行业，亲和力是从业人员必备的素质。良好的亲和力更容易拉近员工与客户之间的心理距离，从而产生最大化的经济效益，这也是企业的最终目的。

通常情况下，人们喜欢与他们信任的人达成交易，这样做让他们觉得放心。许多商业行为都是建立在感情判断的基础上的。亲和力决定着销售人员能否很快地与客户建立情感基础，直接影响销售人员的业绩。只有当客户接受销售人员这个人时，他才会接受销售人员的产品或服务。

成功的销售人员都具有非凡的亲和力，能在最短的时间内采用各种方式与客户建立友谊，获得客户的信赖。

要培养亲和力，首先就要做到以下几点。

（1）合理着装和装扮，大方得体，给人以舒适感；

（2）学会微笑，努力使笑容真实、自然，微笑可以感染客户，激发其热情；

（3）适当放慢语速，让自己的表达清晰、简洁，但也不要慢条斯理，让人感到枯燥无味；

（4）多培养自己的兴趣爱好，不断鼓励自己，树立自己的信心，学会多与人沟通；

（5）业余时间多听一些舒缓的音乐，看一些杂志书籍，让心情保持一种自然、平和的状态；

（6）工作时，保持一种热情饱满、积极向上的精神状态，充满自信，学会用幽默的语言活跃气氛。

案例 14 食品销售人员不同的精神状态，让客户做出不同的选择

经销商李天维接到秘书的电话，说真萱食品公司的销售人员想要预约拜访。李天维听朋友说起过这家公司，听说这家公司的产品质量优良，每年的销售业绩都不错。

虽然他们的产品质量不错，但李天维一直没时间和他们联系。既然这家公司的销售人员主动上门，李天维便告诉秘书，让这名销售人员下午 2:00 到他的办公室来。

到了 2:10，李天维才听见有人敲门，说了“请进”以后，门开了，进来一个人，身上穿着一套脏兮兮、皱皱巴巴的浅色西装。

他走到李天维的办公桌前，说自己是真萱食品公司的销售人员。

李天维仔细打量着这名销售人员，只见他里面穿着一件羊毛衫，打着一条领带。领带还飘在羊毛衫的外面，而且有些脏，好像有油污。黑色皮鞋上有明显的泥垢，显然没有打理。

李天维打量了好久，销售人员在跟他说话时的语速很快，声音很低，李天维都不知道他在说什么，只隐约地看见他的嘴巴在动，还不停地拿出资料。当时，他脑中一片空白。

当销售人员介绍完后，也没有任何提示或提问，气氛陷于沉寂中。李天维一下子回过神来，马上对他说：“把资料放在这里，我有时间再看，你先回去吧！”

就这样，李天维把这名销售人员打发走了。后来，另一家食品公司的黄经

理亲自出马，一看就知道与之前那位销售人员有天壤之别，他精明能干，有礼有节，一看就是干实事的，于是李天维很痛快地就和他合作了。

真萱食品公司的销售人员从外貌到精神状态都给客户很糟糕的印象，首先是迟到，衣着不整洁，搭配不合理，在交谈中不能给客户一种舒适的感觉，而且将商品介绍完以后就没有了其他的话，使场面陷入尴尬。这就是销售人员缺乏亲和力造成的后果，如果销售人员注重仪表，重视时间，再加上足够的亲和力，可能早就获得了订单。

销售技巧

亲和力能帮助我们在第一次与人交流时与其建立良好的关系。人都是有感情的，陌生人也不例外，感情的沟通和交流能让陌生人之间建立一座信任的桥梁。信任的建立将会有效地消除人们交流的障碍，从而拉近彼此的心理距离。

六、客户好为人师——向客户请教问题

孟子曰：“人之患，在好为人师。”好为人师的根源在于人类灵魂中高贵的自尊心。每个人都希望能得到他人的尊重和敬仰。别林斯基曾说过：“自尊心是一个人灵魂中的伟大杠杆。”

作为销售人员，我们可以利用这一普遍的心理特点主动向客户请教他擅长的问题，倾听客户的讲解，满足其好为人师的心理需求，这样客户就会心情舒畅，容易对我们产生好感，从而慢慢地接受我们的产品或服务。

当然，我们在诚恳地请教之后，还要在客户讲解时仔细倾听。这样不仅能增加客户对我们的好感，还可以根据他说的话更好地了解他。当我们对客户更加了解之后，可以渐渐引导他的思路，不知不觉地把话题转移到销售上，最终使其心甘情愿地做出购买决定。

在销售中多开口向客户请教，不会给自己带来损失，反而会提升人格魅力，让客户更喜欢自己。

具体来说，在向客户虚心请教时，应该注意图示几个方面。

案例 15　计算机销售人员向客户虚心请教，在激烈的竞争中获得成功

张东是一位计算机销售人员，有一次他向一家大公司推销计算机。由于市场竞争激烈，向这家公司推销计算机的销售人员非常多，但张东比竞争对手更主动，做的准备更充分，再加上自家公司的资源支持，成交希望非常大。

经过不断努力，到最后只剩下张东和另一家公司角逐这个订单。客户公司的负责人将报告呈递给总经理决定，总经理却批送本公司的技术顾问——计算机专家徐教授咨询意见。

徐教授仔细地试用了两家公司的计算机，又详细地听取了张东与另外一位销售人员的解说，私下表示两种计算机各有优缺点，产品质量相差不大，一时难以选择。

张东知道后，为了抓住这个机会，决定上门拜访徐教授。在与徐教授见面以后，他没有长篇大论，一味地介绍公司的计算机有多出色，而是一脸诚恳地说："徐老师，这次我来拜访您不是为了向您销售计算机。上次与您谈过之后，我找了很多您的著作阅读，但还是想当面向您请教。您是计算机方面的专家，希望您能指导一下，今后我们代理的这种产品，如何与同行竞争，才能突出优势？我希望能听听老师您的高见。"

徐教授听了后，心里很高兴，说道："其实你们的计算机质量非常好，有些方面很有特色，但现在大部分公司的产品质量都差不太多，除非你们公司的产品能获得十分明显的技术优势，但就目前来看，这一情况还不太容易实现。要想真正获得市场，还得靠服务，尤其是软件方面的服务，今后你们应该在这方面特别加强……”

于是，整整一下午，徐教授一直在向张东讲述计算机知识。

经过这次谈话后，徐教授对张东的好感倍增。在公司会议上，徐教授对总经理说，这两家公司的产品质量相差不大，但张东所在的公司会提供更好的服务。最后，总经理采纳了徐教授的意见，张东终于获得了这笔订单。

张东之所以能够成功，最重要的是满足了徐教授的自尊心。把对方抬得越高，对方自然而然地就会越高兴。不过我们要表现得足够真诚，真心向客户请教；而且我们提出的问题要有一定水准，并在客户讲解的时候认真倾听，不能打断客户的话，要使其过足当老师的瘾。

销售技巧

我们要抱着谦虚、尊敬的态度向客户请教，满足其“好为人师”的心理需求。这其实是一种十分巧妙的赞美，可以使客户心情愉悦，打消其心理防备，消除彼此之间的隔阂，使其对我们产生好感，从而极大地提高销售成功的概率。

七、客户对你的话感到紧张——让客户有掌控感

一个人只有拥有掌控感，其内心才能拥有安全感。拥有掌控感的人确定自己可以对身边的事物、周围的环境产生影响，能够发现自主意识，确认自己的价值。

在销售活动中，每个客户都希望自己能控制销售活动的节奏，享受到自由选择、轻松得到的乐趣。而矛盾之处在于，销售人员渴望能掌控客户，让客户选择自己推荐的商品。因此，这些销售人员会过于积极主动，热情得过了头，反而导致客户久久不能卸下防备心理，销售成功更是难于上青天。

案例 16　导购员的过度推销使顾客透不过气，最后顾客被迫逃离

有一次，张晓璇来到一家装饰风格十分典雅的工艺品小店，想要购买一些工艺品送给好友做生日礼物。

一进小店，导购员就非常殷勤地迎了过来，之后就如影随形地跟在她身后，不断地问：“您需要什么类型的工艺品？”

张晓璇说了很多次“不用，我自己看看”，但导购员一直在后面跟着，介绍个不停，但张晓璇不喜欢，所以她一直不理导购员，继续自己逛。

后来张晓璇看到一个银质摆件不错，就拿起来看了一下。这一拿起来可不得了！导购员立刻冲上来向她介绍这个银制摆件的功能，并且主动演示。不仅如此，导购员还拿起其他同类商品让张晓璇试一下。张晓璇暗暗地瞟了眼价格，发现这些工艺品比自己挑选的要贵很多。

张晓璇在一开始还颇有耐心地对导购员说：“我自己看就行了！”可导购员还是“锲而不舍”，追在后面一路笑眯眯地说：“没关系的，我帮您吧！”

她一直笑脸迎人，张晓璇也不好意思发火，最后只好逃了出来。

服务太过殷勤，话语太多，既会扰乱客户的思路，也会让客户产生逆反心理，还有可能让客户感到紧张，从而失去本来可以达成的交易。

销售人员在与客户交谈时，要注意“约法三章”。

约法三章

1 与客户的距离不少于 1 米。

2 为客户创造自然放松的环境，但要随时留意客户的需求及动作。

3 切勿两个导购同时上前紧跟一个客户。

销售人员在与客户交谈时，如何让客户放松并且体验到掌控感呢？

1. 及时询问客户

在弄清客户的需求之前不要向客户盲目推荐，应先询问客户的需求，如“您好，请问您是送人，还是自己穿？”“您好，请问您是想选外套，还是 T 恤呢？”当我们获得客户的答复后，再进行下一步。

2. 留给客户空间

如果客户表达了自己的需求，我们应及时向其耐心介绍产品。但是，如果客户表示想随便看看，我们就要主动地与客户保持适当的距离，给其留下私人空间，同时注意观察客户，一旦客户有什么需要，我们能够及时满足。

3. 及时帮助客户

当客户表现出需要帮助的状态时，我们要及时上前提供帮助。在主动与客户交谈时，我们可以使用以下语言。

- 您好，需要帮忙吗？
- 喜欢不妨试试看。
- 想要这一款吗，先生？
- 这一款的颜色很适合您，不妨试试看。
- 这款服装采用了我们今年的新面料，可以穿上感觉一下，很不错的。

销售技巧

“己所不欲，勿施于人。”销售人员切忌让自己的热情吓跑客户。我们要把握热情的尺度，让客户既感到亲切，又有自由选择权和独立空间。我们要坚持一条服务准则：给予参考，但不打扰。

第三章

抓准客户心理，轻松提高客户成交转化率

销售策略

对销售人员来说，每位客户都有自己独特的性情、爱好和习惯。销售人员要学会洞悉客户的内心，摸准客户心理，这是一个销售人员成功的必备法则。

一、客户爱占便宜——给他点儿甜头

“将欲取之，必先予之。”想要得到客户，就要先给客户一些甜头，以小利为饵，钓大利之鱼。

其实，客户要的不是便宜，而是感觉自己占了便宜。相比价格上的高低，客户更看重心理上的满足。客户想获得的是一种胜利的满足感：自己在这次交易中是受益的一方，是获胜的一方。

案例 17 拾到小铜牌就能领取纪念品？这一招引来大量好奇的顾客

美国芝加哥世界博览会期间，世界各大厂家都将产品送去展览。美国一家赫赫有名的罐头食品公司的经理汉斯先生也带着本公司的产品去了芝加哥，可令他失望的是，博览会工作人员只给他安排了一个会场中最偏僻的小阁楼。博览会开始后，前来参观的人络绎不绝，热闹非凡，但汉斯先生的小阁楼门可罗雀。为此，汉斯感到不是滋味，苦苦思索解决的办法。

就在博览会开幕几天后，一个奇怪的现象出现了，前来参观的人常常会从地上拾到一些小小的铜牌，上面刻着一行字：“拾到此铜牌者，可拿它到阁楼上的汉斯食品公司领取纪念品。”数千块小铜牌陆续在会场上被发现，汉斯那个无人问津的小阁楼，很快被来人拥挤得水泄不通。

从那天起，汉斯的小阁楼便成了博览会的“焦点”，参观者无不争先前往，即使没有捡到铜牌的人，也要去“参观”一番，看一看传说中的汉斯食品公司，这种盛况一直持续到闭幕。这一绝招使他转败为胜，大赚了一笔，打了一个漂亮的翻身仗。

汉斯先生的这种方式其实非常普遍，比如一些商场的抽奖活动，或者免费发放礼品的活动，搞这些活动就是为了让消费者觉得自己占了便宜，从而吸引他们前来消费，增加销售额。

那么，怎样在销售中让客户感到占了便宜呢？

（1）可以在产品宣传上花一些工夫，在主打产品上提供一些优惠，在销售过程中让客户一眼就注意到优惠的产品，而其他产品则保持原价；

（2）可以在拜访客户时准备一些精美的小礼物，但赠送小礼品时要把握好分寸，太过于随意会失去意义，显得对客户不尊重，而太过于贵重则有商业贿赂之嫌；

（3）可以用派发优惠券或免费发放小礼品的方式来吸引客户，通过增加客流量来获得更多订单，同时也可以扩大自身的影响力；

（4）所有的优惠活动都要让客户真正感到优惠，但不要太轻易答应客户的降价要求，否则会让客户认为价格中有很大水分，反而会对我们更加不信任。

案例 18　销售人员马上同意降价，顾客占了大便宜，反而觉得吃亏了

前一段时间王海装修房子，需要买一个吊灯，于是驱车来到灯具市场。

在灯具市场上，他一眼就看中了一款既美观又大方的中式吊灯，不过心里觉得这款吊灯肯定不便宜。

果然，销售人员说这款吊灯价格 4 688 元，他觉得这个价位有点儿高，心里能接受的价格是抹去零头，降到 4 000 元。

他对销售人员说：“这个价钱太贵了，要是能 4 000 元卖给我的话，我就马上交钱，否则就不要了。”

“好的，4 000 元给你了。”销售人员几乎没犹豫，马上就同意了。王海心里一阵打鼓，总感觉商家这么痛快就同意降价，是不是 4 000 元也给高了，在回去的路上总觉得自己肯定吃亏了。

后来一位朋友来他家做客，聊到这一话题，他询问了朋友的看法。朋友笑着对他说：“其实你买的价格很便宜，商家给的优惠力度真不小啊！”

本来优惠力度很大，却让顾客感到被骗，销售人员让顾客太过于轻易地得到了自己想要的优惠，反而使其产生了怀疑。因此，我们要想让客户感到自己占了便宜，就不要轻易答应客户的降价要求，在给予客户优惠的同时应让他有一种来之不易的感觉。

同时要注意的是，切忌滥用优惠打价格战，这样损失的不只是本次交易的利润，还会给老客户造成伤害，甚至会降低企业信用，影响企业形象。

销售技巧

让客户感觉占了便宜，是一种十分有效的销售方式。贪图便宜是人的天性，物美价廉是大多数客户追求的目标。占便宜其实就是一种心理满足，我们应尽量满足客户的这一心理需求，吸引客户做出购买决定。

二、让客户试一下——体验一下，购买更放心

尽管说得天花乱坠，但是客户不为所动；产品质量明明很好，客户却迟迟不下单；价格已经十分优惠，客户却还在犹豫。这时销售人员往往会不知所措，不知道如何继续与客户交流。

大部分客户在交易时最关心的是产品的性能和质量，仅凭销售人员的讲述和自己的观察，他们很难真正了解产品。对客户来说，产品展现给他的只是外观，在了解到产品的内核之前，他是很难在内心接受产品的。

如果产品质量经得起考验，不妨让客户亲身体验一下。有时一次体验抵得上千言万语，客户在一个轻松、愉快的购物氛围中亲身体验产品，体会到产品的价值，就会更心甘情愿地购买产品。

案例 19　拒绝试用让客户再也不相信销售人员，本来快成的订单瞬间没了

销售人员曹池有一个跟了很久的单子，等到客户终于决定要下单了，可又临时提出来让他带一份样品过来，说想试用一下。曹池听到这个心里就不乐意了，虽说两个公司在同一个城市，但拉设备、请技术人员指导安装操作，都需要花费很大的精力和财力。而且曹池这几天确实很忙，不愿意再去为这个样品费时费力。

曹池觉得自己给客户准备的资料很全，报价也很合适，客户没有拒绝的理由，就对客户说自己在公司很忙，没有时间给客户送样品。他想，就算客户拿到了产品也需要试用一段时间后才能看见效果，短期试用的话根本无法判断效果。

客户听了曹池的话，立刻表示放弃订单，任凭曹池如何劝说，客户再也不相信他了。

在这个案例中，当客户提出想要试用产品时，曹池直接拒绝了客户。虽说曹

池拒绝试用不是因为产品质量上的问题，而是自己感觉没有必要，也太浪费时间。但客户不这么想，他会觉得一定是因为产品有瑕疵，曹池才不愿意让他试用。

案例20 埃克森让顾客试穿一周，新皮鞋成功闯入市场，获利颇丰

沃尔弗林环球公司是美国一家家喻户晓的皮鞋制造商，公司早期一直使用马皮制造皮鞋，可是随着马皮供应量的减少，公司不得不选择猪皮作为原材料。新设计出来的皮鞋被命名为“安静的小狗”，公司觉得这个名字足以吸引人们的注意力。

营销部经理埃克森准备了很多策划方案，但都感觉创意一般，无法引起人们对猪皮鞋的兴趣。有一天，一位朋友来看他，听说他正在为一件新式皮鞋的销售策划发愁，就主动询问：“究竟是什么样的皮鞋，我能不能先试穿一下？”

埃克森马上从柜子里拿出一双样品让朋友穿上，没想到朋友穿上后赞不绝口地说道：“说实话，这双鞋穿在脚上真是太舒服了，我都不舍得脱下来了，你把这双鞋送给我好吗？”埃克森的朋友连问了好几遍，都没有得到回答。

此时的埃克森正在奋笔疾书，因为他终于想出了一个绝妙的销售策划案。埃克森把200双鞋无偿送给200位顾客，让其试穿一周。一个月后，他派人登门收回，顾客如果想留下，就要花5美元买下来。结果让他非常满意，绝大多数试穿的顾客都愿意花费5美元把鞋买下来。

事实上，埃克森并非真想收回皮鞋，他只是想试探客户愿不愿意为了这双鞋花费5美元。试销成功后，公司领导当机立断，开始大规模生产，并以每双8美元的价格销售出几万双“安静的小狗”，埃克森的方案大获成功。

埃克森成功地运用试用的方法打开了市场，使其产品获得了客户的喜爱。如果埃克森只是一味地宣传，很难让人们对新出现的猪皮鞋产生兴趣，购买者自然就少了。

现在很多商家都会采用试用的方式来招揽客户，比如计算机软件、衣装服饰类、化妆品等。随着互联网的发展，商家可选择的试用工具也越来越多，试用网站的兴起为商家搭建了一个平台，商家可以通过试用网站来免费向消费者推广自己的产品。

免费试用产品既满足了消费者爱占便宜的心理，也让消费者通过亲身体验打消了疑虑，所以被越来越多的消费者所喜爱。许多知名品牌企业运用网上免费试用的方式扩大了自己的消费者群体，获得了巨大的品牌效应。

销售技巧

产品的价值在于能多大程度上满足客户的需求。因此，在客户试用产品时，我们可以适当地引导客户，让其在体验产品时多关注产品的优点，充分体会到产品能够给他带来的价值。

三、客户要颜面——满足客户的虚荣心，客户下单更痛快

林语堂曾经说过：“中国人有时把颜面看得比生命还重要。”“给个面子”更是中国人在社交活动中的常用语。

给客户颜面也是给自己颜面。在与客户沟通时，给客户的颜面越大，客户就越会愿意购买我们的产品。销售活动并不是简单的产品和金钱的交易，在此过程中，还要满足客户的虚荣心。

案例21　给客户留颜面，客户终于不再挑毛病，接受所有木材

威廉遇到了一个无比难缠的客户，对方不太懂木材，却总是爱指手画脚，不切实际地抱怨他送的木材有多差。威廉毫不客气地反驳了他，斩钉截铁地肯定了自己的木材是合格的。客户听了威廉的解释反而更加恼怒，将原本检验通过的木材也退了回去。

客户就是上帝，虽然威廉不满意客户的做法，但是也只能按照客户的要求更换木材，可客户依然不满意。折腾过几次之后，威廉陷入了绝望，明明自己的木材合格，可对方非得从中挑出毛病。

考虑了几天以后，威廉决定最后再努力一次。一到工厂，就看到客户摆出一副挑衅的样子，像是准备要和威廉吵架。而威廉这一次笑容满面，和蔼地跟他打了个招呼，然后就带着他去检验木材。

跟前几次一样，客户依然胡乱评价，从里面选出了一大堆自己认为不合格

的木材。威廉就在旁边静静地看着，并不时地点头表示赞同，没有反驳客户一句。客户检验完后，近一半的木材都成了“不合格”产品。

威廉没有和客户争论，而是温和地询问这些木材哪里不合格，并表示自己以后会按着客户的意思来备货，一定会让他满意。

看到威廉的态度这么好，客户的心情也轻松了不少，给威廉详细地讲述了自己的看法。威廉这才知道客户弄错了检验的标准，可他并没有打断客户说话，而是在赞同的同时，用一些小的暗示来让客户意识到自己的错误。

双方的对立情绪慢慢地消退，在交谈中，客户也慢慢地意识到了自己在检验木材上有些错误，而且态度过于严苛，于是主动要求对木材再次进行检验。

这一次检验的合格率非常高，客户非常愉快地接受了所有的木材。

威廉巧妙地运用给客户留颜面的方法，在满足客户虚荣心的情况下使其意识到了自己的错误，从而顺利地完成了木材销售工作。如果威廉不给客户颜面，直接反驳，即使客户知道自己错了，大概率也不会认错，可能还是会坚持调换或退货，不会做出让步。

在销售过程中，切忌指责客户，发生争执，而要想办法保全客户的颜面。通常人们在受到指责时都会十分不快，在虚荣心的驱使下，明明知道自己错了，却矢口否认，还想方设法地为自己的错误正名，其深层意识就是为了保全颜面。

我们可以通过以下两种方式来满足客户的颜面。

1. 夸赞客户

遇到爱面子的客户，我们要善于发现他的优点并主动赞美，让客户的虚荣心得到满足。我们可以从客户的外貌、衣着、气质、成就等方面进行赞美。

“您很适合穿这种颜色的衣服！”

“您穿这件衣服真是太显气质了！”

“王总，想不到您在20岁出头的时候就成立了这家公司，真厉害！”

“听说贵公司的产品管理在这个行业里做得非常好，产品周转率高，实现了零库存，真是令人羡慕啊！”

2. 创造机会

除了直接夸赞客户外，我们还要主动创造让客户有颜面的机会。在与客户交谈时，我们可以向客户介绍高档次的产品，以此来抬升客户的身价，让客户感觉受到重视，认为我们给他颜面，从而更快决定购买。

另外，需要注意的是，在满足客户虚荣心时一定要把握好尺度，让客户感觉我们是在真心诚意地夸赞他。如果我们的夸赞太离谱，就会让客户觉得我们不真诚，他的心里也会非常难受，以后更难对我们产生信任。

客户不一定总是对的，但我们一定要给客户颜面。给客户颜面的做法很多，包括耐心倾听客户的抱怨和指责，夸赞客户，抬升客户身价等，当我们满足了客户的虚荣心时，客户的心理需求得到了满足，也就更愿意与我们达成交易。

四、客户喜欢随大流——拿名人做榜样

勒庞在《乌合之众》里说道："人一到群体中，智商就严重降低，为了获得认同，个体愿意抛弃是非，用智商去换取那份让人备感安全的归属感。"这句话揭示了群体社会的一个规律：个体具有盲目从众的心理。与大多数人站在一起让人有安全感，看到别人选择的商品，觉得自己也应该做同样的选择。

客户在购买产品时总是担心产品不像我们说得那样好，从而在做出购买决定时犹豫不决。此时我们可以利用客户的从众心理，拿其他客户做榜样，向客户讲述其他已经使用过相同产品的客户的经历，从而打消客户的疑虑。

案例22　数据库供应商用客户名单激发客户从众心理，获得大学的订单

梁浩是一位数据库供应商，负责向本地区的大学和科研机构推销数据库软件或服务。

××大学是××地区最好的一所大学，今年一直在积极进行信息资源建设，需要采购一批数据库软件。得知消息后，许多供应商都向这所大学做了推荐，梁浩也不例外。

经过几轮筛选，只剩下了三家供应商，××大学要求供应商去学校进行详细面谈。梁浩的产品与其他供应商的产品相比，没有特别突出的优势。

为了获得先机，梁浩在正式面谈前拜访了相关项目的负责人。一见面，对方的态度很客气，不过没有对梁浩的产品表现出太大的兴趣。这让梁浩十分失望。

后来，一个老客户给梁浩打电话，希望他能帮助解决一些数据库方面的问题。梁浩顺利地帮这个客户解决了问题，并在几天内拜访了好几个老客户。

正式面谈的那天，其他销售人员都在介绍自己的产品，只有梁浩不同。他只是将产品简单地介绍了一下，然后就开始列举使用了自己产品的客户，这些客户都是在本地区比较有影响的机构或单位。

听了梁浩的讲述后，负责人随机联系了几个梁浩的客户，发现这些客户确实一直在使用梁浩的产品，并表示效果非常好，于是××大学决定接受梁浩的产品并进行试用。就这样，梁浩顺利地赢得了这份订单。

在这个案例中，梁浩利用客户的从众心理顺利地得到了订单。同行业的其他客户都在使用，这一事实足以让客户对产品放心。客户认为，别人都选择这个产品一定有他的道理，产品一定有可取之处。

最能激发客户的兴趣，让客户相信产品价值的榜样莫过于名人了，也就是那些社会影响力比较大，在业界比较有口碑的人物。我们可以对犹豫不决的客户提出几个有影响力的榜样来证明自己的产品，以使客户放下防备心理，快速地卖出产品。

案例23 服装销售人员借明星宣传产品，顾客心花怒放

服装店内，店员正在向一位顾客推荐某新款服装。

店员说：“这件衣服是现在最流行的款式。”

顾客摇了摇头说：“我还是觉得这件衣服的风格有些奇怪。”

店员接着说：“您知道明星××吗？前几天她在参加一档电视栏目时，穿的就是这款服装。据说，当时她就是为这家时装公司做宣传的。现在很多女孩子都在穿这种款式的服装。”

顾客好奇地问：“真的假的？哪一期节目？”

店员回答道：“上星期六的××台，在网上也能看到，要不您先买回去，与电视里对比一下，看是不是和这身衣服一样。”

顾客开心地说：“真的吗？多少钱？”

店员说：“240元，您买了绝对不会后悔！”

在这个案例中，店员就是利用名人效应打动了顾客。运用名人效应不仅符合顾客追求时尚的心理，还可以使顾客在内心产生安全、可靠的感觉。他们认为明星都穿过了，这件衣服肯定不错。

但运用名人效应时，我们必须能够确定某明星确实穿过。假如不清楚在哪里见过，说出“好像是××，在电视几套来着，我有些记不太清楚了”这样的话，顾客就会产生怀疑。

想要利用好客户的从众心理和名人效应，可以采取以下两种方式。

1. 产品宣传

产品宣传是销售的第一步，自从名人广告出现，很多品牌陆续请明星代言，也确实为产品的销量带来了拉动性的影响。除了直接请名人代言外，我们还可以“借用名人”，用名人同款、××电视剧同款等与名人产生联系，促进产品销售。

2. 客户评价

展示老客户的评价，也能激发目标客户的从众心理。我们要在销售活动中充分利用已有的客户资源来为目标客户做榜样，这些客户资源可能是本行业中的知名客户，也可能是目标客户比较熟悉的人，通过他们，我们可以更快速地获得目标客户的信任。

另外，我们在利用客户从众心理时要注意以下两点。

1. 保证效果

拿名人或客户做榜样只是一种销售手段，但不能以此为重，大肆吹嘘而忽略产品的质量。如果客户在使用以后发现产品有问题，便不会再对我们产生任何信任，我们的信誉也会遭到毁灭性影响，甚至失去更多的潜在客户。这就要求我们在选取榜样时实事求是，要能够充分体现产品的特性，但不能过于夸张、弄虚作假。

2. 分清客户

客户的类型多种多样，有的喜欢随大流，有的喜欢标新立异。我们要事先观察好客户，不能盲目使用这种销售方式，避免引起客户的反感。

销售技巧

从众心理是人性的弱点之一，但我们可以利用这种弱点为销售服务。在为客户做产品介绍时，我们可以实事求是地将产品与名人或者重要的客户联系起来，激发目标客户的从众心理，促使其快速下单。

五、你不卖他偏要买——激发客户的逆反心理

苏联心理学家普拉图诺夫在《趣味心理学》一书的前言中，特意提醒读者请勿先阅读第八章第五节的内容。事后调查发现，大多数读者都采取了相反的行为，首先翻看了第八章第五节的内容。

这便是逆反心理的典型表现。所谓逆反心理，是指人们为了维护自尊，而对他人的要求采取相反态度和言行的一种心理状态。

作为销售人员，我们在工作中经常会遇到逆反心理特别重的客户：你越推荐，他越反感；你说得越好，他越怀疑。面对这种客户，我们可以巧妙地利用他的逆反心理来达到销售目标。

俗话说“请将不如激将”，恰当地使用激将法可以有效地提高销售成功的概率。

案例 24　陌陌的广告引发热议，其消极文案刺激了人们的逆反心理

“别和陌生人说话，别做新鲜事，继续过平常的生活。胆小一点儿，别好奇，就玩你会的，离冒险远远的，有些事想想就好，没必要改变。待在熟悉的地方，最好待在家里，听一样的音乐，见一样的人。重复同样的话题。心思别太活，梦想要实际，不要什么都尝试。就这样活着吧。”

这段文案在微博上引发了热议，包括罗永浩、金鹏远、龚文祥等在内的科技及营销界人士也纷纷展开讨论。这是陌陌推出的宣传广告，以一段看似消极的文案、夸张刺激的画面、迷糊充满睡意的配音，一针针刺痛我们沉睡的内心，引导我们去发现身边的新奇。

这则广告可谓毁誉参半。有的网友大骂太消极，有的网友吐槽完全看不懂，

而有近一半的网友表示非常不错。但最后的结果，无论是骂它的人，还是夸它的人，都对它产生了极大的兴趣。

虽然陌陌推出的这则广告没有获得很高的评价，却成功地引起了很大一部分人的注意，让人们在好奇心和逆反心理的推动下去尝试这个软件，这就是利用逆反心理达到的效果。

案例 25 理财产品销售人员多次失败后，用“拒绝销售”让客户主动购买

黄飞是一名理财产品销售人员，最近在向一位客户推销理财产品。他拜访了客户好几次，任凭自己说得天花乱坠，客户就是不买账，认为黄飞的话十分夸张，不切合实际。

多次拜访失败后，黄飞决定剑走偏锋，心想反正成交概率也不大了，索性尝试一种比较奇特的方法。

黄飞再次拜访客户时，并没有积极地介绍自己的理财产品，反而在询问了客户的近况后说道：“您现在的情况确实不太适合购买这些理财产品，虽说理财产品收益高，但风险也很大，您可以过一段时间再考虑，到时若有需要您再给我打电话吧。”

黄飞的一反常态让客户很不解，于是他四处打听理财产品的市场情况。在听说黄飞推荐的几款产品还不错时，客户觉得黄飞一定是因为最近理财产品市场特别好，客户特别多，所以故意放弃自己。

没过几天，客户就主动向黄飞打电话，表示要购买他的理财产品。

在这个案例中，黄飞从反面出发，没有积极地销售自己的产品，而是放弃销售，激起了客户的逆反心理和好奇心，使客户主动购买理财产品。

要想成功地利用客户的逆反心理，就要先了解容易激发逆反心理的几种情况。

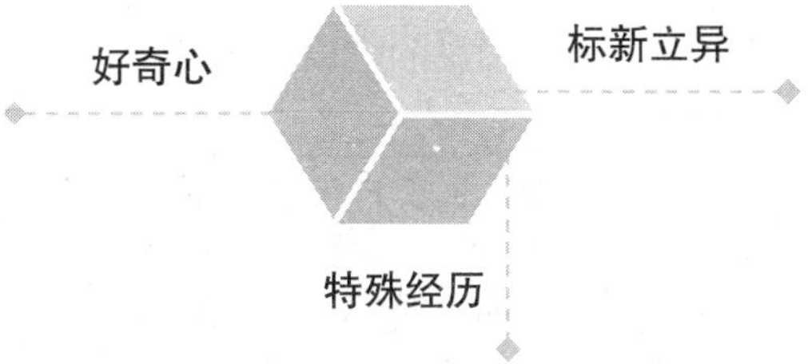

1. 好奇心

当某事物被禁止时，尤其是在只做出禁令而又不加任何解释的情况下，浓

厚的神秘色彩极易激发人们的好奇心，在好奇心迟迟不能被满足的情况下，就激发起了无穷的求知欲，促使人们对该事物更加期待。

2. 标新立异

有些人会通过否定权威和标新立异在心理上寻求自我肯定的满足感，还希望获得社会的认同。这些人往往表现得很偏执，乐于表现自己，有意采取与其他人不同的态度和行为，以引起别人的注意。

3. 特殊经历

如果话题中触碰到客户的一些特殊经历，就可能激起客户的逆反心理，因此，我们在与客户交流时尽量不要提及过于隐私和敏感的话题。

需要注意的是，虽然采用逆反心理是一种销售奇招，运用得当可以在销售过程中起到意想不到的效果，但收益越高，风险越大，如若使用不当就会激怒客户，对销售产生不利的影响。

销售技巧

采用逆反心理时，必须符合一定的条件，我们首先要明确的是这一方式要为产品本身服务，让客户觉得产品好，而不能只是让客户因一时冲动买下，事后却后悔。

六、客户怕上当——给客户安全感

当我们作为陌生人走进客户家中时，客户肯定会对我们抱有戒备之心，再加上现在市场上存在大量假冒伪劣产品，客户心里难免会质疑我们的产品。成功的销售人员在销售过程中要善于抓住客户的安全需求，从多方面努力，满足客户的安全心理需求，从而提高自己的销售业绩。

案例 26　销售人员的郑重承诺让客户化解迟疑，最终决定购买

郑新兰所在公司使用的软件系统最近总是出现故障，严重影响了公司项目的进展。郑新兰是公司项目的负责人，她为此非常焦虑，于是决定重新购买一个新的软件系统。

软件公司的销售人员许菡得知这个消息后，很快便来到郑新兰所在的公司拜访，向其推荐本公司的软件系统。

在许菡介绍完之后，郑新兰感觉这款软件系统应该不错，但鉴于之前的软件系统出现故障的频率太高，她很担心再次遇到这种情况。于是，她表现得有些犹豫，打算看看其他公司的产品，权衡之后再做最后的选择。

许菡向其保证道："郑女士，您放心，您订购我们的软件系统后，我们会免费为您安装、调试，一旦软件系统在运行过程中出现故障，我们公司不仅会退还您的采购费用，还会承担因为软件问题而产生的其他损失。这是我们的郑重承诺，请您放心。"

郑新兰看许菡在做出保证时很有底气，心中顾虑便解除了一大半，稍微思索了一会儿便决定购买许菡所在公司的软件系统。

要想让客户获得安全感，应该注意以下几点。

1. 形象得体

保持良好的个人形象是给客户带来安全感的直接方式。一个不注重个人形象，看起来邋里邋遢的销售人员，肯定会让客户厌恶，避之不及。因此，我们在销售活动中要注重衣装得体，并且保持良好的精神状态，举止得体，让客户与我们初次见面就对我们留下良好的印象。

2. 语言明确

在与客户交谈时，我们要保证自己的表达清晰、准确，避免出现前后不一致或者表达模糊的情况。比如，我们要尽量避免在说话时出现"大概""也许""有可能""应该"等词语，否则会让客户觉得我们没有把握，从而失去对我们的信任。

3. 做出保证

如果客户仍然犹豫不决，可以向客户做出一些保证，如免费退换、售后服务承诺等，让客户感到购买产品后也会得到保障。

当然，我们一定要在适当的范围内做出保证，不能随意做出一些根本做不到的保证，这样不但会加重后期的维护成本，还可能在无法兑现承诺时影响口碑。

销售技巧

客户会因为缺乏安全感而在购买时犹豫不决，这时如果我们急于求成，客户反而会断定自己的担忧是正确的，从而放弃购买。要想打消客户的这种顾虑，就应该满足其安全心理，使其在心中建立对我们的信任。

七、物以稀为贵——制造稀缺气氛

物以稀为贵，越得不到的东西就越觉得好。心理学家认为，害怕失去某种东西比希望得到同等价值的东西对人们的激励作用更大。

当某种东西变得稀缺时，人们会更想拥有它；当人们必须通过竞争才能拥有某件物品时，想拥有它的愿望就会变得更加强烈。在消费心理学中，人们把“物以稀为贵”而引起的购买行为增加的现象称之为“稀缺效应”。稀缺效应的典型应用是饥饿营销。

商家通过营造商品稀缺的氛围，让商品限量或限时供应，提高消费者对商品价值的感知，增加商品的吸引力，从而将商品销售一空。

案例 27 饥饿营销效果好，小米和苹果都用饥饿营销提高销量

（一）小米手机

2017 年 3 月 31 日，雷军确认小米 6 定于 4 月发布。

2017 年 4 月 11 日，小米通过微博和微信公众号宣布，小米 6 将于 4 月 19 日在北京工业大学体育馆召开发布会。

2017 年 4 月 19 日，小米正式发布旗舰机小米 6。

……

2017 年 7 月 14 日 10 点，小米 6 白色版首发开卖，仅在小米官网及小米线下店出售。

从发布信息到正式发布，小米 6 让米粉经历了漫长的等待时期，然而这并不是结束。

提前预约、限量抢购、一秒抢光，与小米的其他款手机一样，这次营销依然成功地激发了消费者的购买欲望。在很短的时间内，小米 6 就被抢购一空。

（二）苹果手机

初代 iPhone 是苹果饥饿营销的巅峰。为了营造产品的神秘感，苹果公司将 iPhone 的所有细节保密了 30 个月，甚至连很多公司高管都是在发布会上才第一次看到这款产品。由于之前发布的 iMac 和 iPod 使苹果公司积累了不少“果粉”，用户对初代 iPhone 本身就充满期待，而严格的保密制度则使用户想要了解和购买这款手机的“饥饿感”迅速升级。饥饿营销的效果十分惊人，发布一周之内，100 万部 iPhone 被启用，按照公司原计划，实现这一目标的时间是 6 个月。

漫长的等待、限量发售、秒杀等各种层出不穷的营销方式成功地激起了人们的购买欲望。

案例 28　纪念版钻戒只剩一对，让年轻夫妻无法拒绝，果断购买

崔帆是一家珠宝店的销售人员，有一天她接待了一对年轻夫妻。

经过崔帆介绍，这对年轻夫妻看中了一款价格 10 万元的戒指，但是客户觉得价格过高，有些犹豫不决，表示再考虑一下。

看到这情况，崔帆说：“您真有眼光，这款钻戒是××经典纪念版，总共发行了 10 对，本店只有 3 对，而现在只剩一对了。”

听到这款钻戒是限量款，两人的脸上露出一丝兴奋，崔帆接着说：“钻戒代表了至臻纯美的爱情，爱情是无价的。如果你们能够拥有这款钻戒，不就正应了那句‘钻石恒久远，一颗永流传’吗？相信这款独特的钻戒能够成为你们的爱情见证者！”

听了这些话，夫妻俩不再犹豫，当场买下了这款钻戒。

在这个案例中，销售人员巧妙地利用稀缺商品的策略激发客户购买。

想要成功地利用稀缺效应来进行销售，需要把握图示两点。

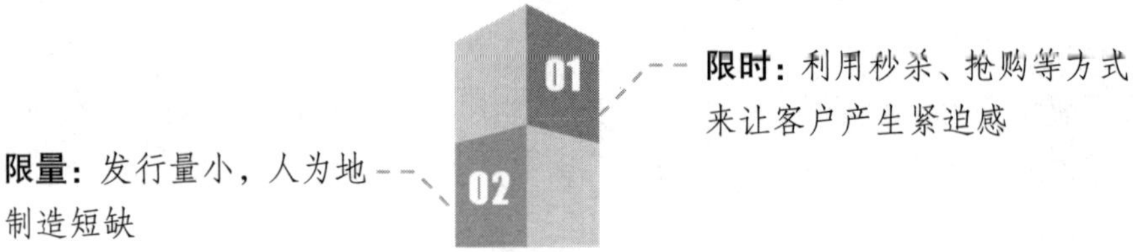

除此之外，还需要注意以下几点。

1. 做好判断

并不是每种产品都可以采用饥饿营销的方式，首先要判断所要销售的产品是否具有足够的市场潜力、品牌效应和较强的不可替代性，否则一切都将徒劳无功。

2. 做好宣传

既然要进行饥饿营销，就要做好市场预热，比如新品发布会、广告宣传、话题放大等，要让人们“看见”但是“看不全”，陷入渴望之中无法自拔。

3. 把握尺度

在具体实施过程中，要把握好市场的反馈信息，及时根据反馈信息来调整饥饿营销的方案。如果一味地吊着客户的胃口，消磨客户的耐心，就有可能使客户失去期待感，转身离开。

销售技巧

要保证饥饿营销的效果，我们可以提高购买门槛，制造产品的神秘感和稀缺性，同时注重产品质量，打造产品的独特性。当然，宣传造势是不可缺少的方式，持续曝光，使客户的“饥饿感”不断增强，最后心甘情愿购买。

八、客户要的是实惠——树立帮客户省钱的意识

美国第二大零售商、家用设备连锁店 Home Depot 的创始人伯尼·马库斯的经营理念是帮客户省钱。他常对员工说：“我可不愿意把客人不需要的东西销售出去，我们要做的就是为顾客省钱。”

销售高手会站在客户的角度考虑问题，为其提供省钱的方法，节省资金，

这样就会很容易获得客户的信任，双方的沟通氛围也就不会那么紧张了。

如果我们一味地推销自己的产品，就会被客户认为我们的目的仅在于订单，丝毫不为他们着想，从而使其产生戒备心理，没有兴趣继续谈下去。

客户就是上帝，只有多为客户考虑，为其节省资金，降低购物成本和购物风险，缓解其心理压力，客户才会乐意与我们合作，使我们立于不败之地。

案例 29 家得宝拒绝顾客，却让顾客更加忠诚

一天，一位顾客来到 Home Depot 店里。

在店员询问来意后，顾客表示自己打算买一个新的水龙头。店员并没有直接拿出水龙头，而是向顾客询问购买新水龙头的原因，原来是顾客的水龙头开关把手断了。

听了顾客的讲述后，店员对顾客说："您只要把水龙头上的把手换了就行，换把手只要 50 美分，而换水龙头则要 5 美元。"

顾客问道："怎么换呢？"于是店员仔细给他讲解道："把手上面有一个小盖子，用螺丝刀挑开。下面有一个螺丝，把螺丝拧开就能取下把手，然后换一个新的把手，水龙头就能继续使用了。"

"哦，那我就买一个把手吧！"

后来，这位顾客每次都到这家店里来买东西，因为他相信店员会为他着想，时时处处为他省钱。

创始人知道此事后表扬了这位店员，他说道："我们需要大家去培养我们的顾客，今天你关心顾客，明天他们就会关注你。"正是凭借这一点，Home Depot 越做越大，越做越强。

在这个案例中，店员用帮顾客省钱的方法得到了顾客的信赖。如果我们能真正去关心顾客，帮助顾客节省资金，让其感受到我们的真诚、无私，未来的收获必定超出想象。

案例 30 销售人员为客户考虑而不急于成交，客户对其更有好感而购车

丁成是一位汽车销售人员，有一次他去拜访一位客户。和客户寒暄几句以后，丁成主动表明自己的来意，并询问客户的想法。

客户说要考虑考虑，但在丁成看来，客户似乎兴趣不大。

丁成思考了一下，对客户说：“您现在可以多考虑考虑，不必急于做出决定。”

客户问为什么，丁成回答道：“再过几个月我们公司会有一个汽车展销会，您如果到那个时候买会有很大的优惠，而且您也可以在这一段时间里好好考虑一下自己想要的车型。”

听了丁成的解释，客户感到很惊讶，没想到丁成如此为自己着想，于是对他更有好感了。后来，客户对丁成认真说了自己的想法，并在几个月后的展销会上购买了一辆汽车。

丁成站在客户的角度上分析问题，不急于达成订单，让客户觉得丁成是在真心地为他考虑。

树立“为客户省钱”的意识并不像想象中那么容易，也并不是几句话就能做到的，必须让客户真实地感受到。

如果我们盲目地追求利润，客户不一定能接受，这就为我们的销售工作带来很大阻碍，而我们为了提高业绩，可能会更加盲目地追求利润。

这种恶性循环使交易双方的信任度越来越低，客户难以购买到合适的产品，我们也无法获得客户的订单。为了摆脱这种恶性循环，我们必须在开始销售时就树立起为客户着想、为客户省钱的意识。

销售技巧

帮客户省钱实际上是追求长期利益的一种表现。销售高手不会只在意眼前的利益，他会为客户着想，帮助客户省钱，从而在以后的销售生涯中获得更大的利益，与客户实现双赢。

九、促销氛围暗藏玄机——消费环境刺激购买欲

促销就是要营造一种购买氛围，当顾客经过店铺时就有想进来逛一逛的冲动，进来闲逛时就会产生购买行为。

案例 31　中秋节前夕的咖啡香味让雀巢咖啡的销量节节攀升

中秋节前夕的一天下午，某商场门口搭建了一个装饰得非常漂亮的临时柜台，吸引了很多人上前围观。

原来这是雀巢咖啡举行的一次促销活动，所有的工作人员统一着装，周围还有流行的卡通人偶吸引顾客。等顾客上前时，工作人员并不销售产品，而是向每一位顾客递上一杯热乎乎的咖啡，然后在顾客喝咖啡时再向顾客介绍。

很多人在商场里逛了一下午，还有的人工作一天刚下班，这些人在经过这里时，被雀巢咖啡的免费试饮活动所吸引，在免费试饮咖啡的同时陶醉在浓浓的咖啡香味中，让疲惫的身体得到了放松。

在几个小时的促销活动中，雀巢咖啡获得了很大的销量。除此之外，雀巢咖啡还借助中秋节的节日气氛，使销量节节攀升。

通过现场促销活动，雀巢咖啡给人们营造了一种惬意、舒适的购买氛围，成功地吸引了很多顾客。为了充分营造促销的氛围，我们需要注意以下方面。

1．宣传品的布置

想要做好一场促销活动，宣传品的布置是必不可少的。宣传品的布置将直接影响促销氛围。宣传品要能吸引人，促使顾客参与其中，带动全场氛围，吸引更多人群。试想一下，一个现场促销活动，如果只有工作人员及产品，没有顾客围观，促销活动的效果可想而知。

那么，促销活动都需要哪些宣传品呢？在布置宣传品时应采用什么方法？

类型	要求	方法
横幅	·主横幅（1条）介绍活动主题 ·商品介绍横幅（数条） ·祝福横幅等（数条）	①主横幅可采用气球或其他方式悬挂到一定高度，尽可能让更多人看到；商品介绍横幅的字迹要清晰、准确；祝福横幅的内容可以有趣一些。 ②条幅一般采用红底黄字，也可视情况更换，但一定要吸引眼球。 ③摆放位置适当，不可过多遮挡商品
彩旗	大小一致，数量多	通过圆形或矩形包围现场，还可配合气球

续表

类型	要求	方法
展板	标示以下内容：产品介绍、企业介绍、活动介绍、宣传语言等	场地较大的可以设置多块展板，布置在入口处附近，以方便顾客了解
海报	采用小扇子、日历等多种形式	安排专人在附近发放海报，现场也要准备一些，以增加顾客的逗留时间
展台	使用专业展台	展台摆放整齐有序，既不拥挤，也不空旷

2. 促销人员

促销人员是具体的执行者，是最关键的一项。

（1）合理安排，轮换休息，保证促销活动过程中的每时每刻都有接待人员；

（2）所有人员必须统一着装，还可在服装上做适当的装饰来活跃氛围；

（3）促销人员要举止礼貌、得体，真诚地服务顾客。

3. 现场组织

现场一定要有专门的负责人把控全局。促销现场的组织工作相当重要，组织不好会使促销活动显得非常混乱，最终影响促销活动的开展。

现场组织

- 保证现场的顾客整齐有序
- 适当把握现场促销及宣传氛围
- 控制好整个促销进程
- 组织协调好各小组的分工
- 防止竞争对手的干扰

销售技巧

促销氛围是影响顾客购买的因素之一，顾客在热烈的促销氛围中，会在视觉、嗅觉、味觉、触觉等感官刺激下体验到商品的优势，并受到现场热烈气氛的影响，产生从众心理，从而做出购买行为。

第四章

做产品专家，给客户足够多的购买理由

销售策略

成功的秘诀在于专业，因为专业，所以卓越。这适用于各领域。只有专业的医生，才能救治更多的病人；在销售工作中，也只有专业的销售人员，才能拥有更多的客户。

一、一问三不知——要做产品的专家

如果说销售 95%靠的是热情，那么剩下的 5%靠的就是专业。在销售活动中，我们必须及时、准确地回答客户提出的任何问题，毫不迟疑并准确地说出产品的特点，熟练地向客户展示产品。只有具备丰富的专业知识，我们才能信心十足，相信自己的产品，以更大的热情赢得客户的信任。

很多人觉得销售人员只要口才好就可以，但事实上如果做不到对自己的产品了如指掌，遇到专业的询问就会陷入困境，再滔滔不绝也难以赢得客户。最顶尖的销售人员就是最专业的销售人员，许多顶尖销售人员最引以为傲的不是自己的销售业绩，而是他们在产品或者服务方面的渊博知识。

案例 32 被客户问到哑口无言，销售人员因不懂专业知识而失去订单

彭亮是一家涂料公司的销售人员。有一次，他向一位经销商销售自己公司的地板漆。见面后，彭亮就开始滔滔不绝地介绍产品，一般人听起来可能会感觉他说得头头是道，但这一次彭亮遇到了麻烦。

客户粗暴地打断了彭亮的介绍，问："你们的地板漆固含量是多少？"

彭亮："我对这一点不太清楚，这是公司的工程师负责的……"

没等彭亮说完，客户又问："你们地板漆的硬度是多少？"

彭亮还是无法回答，哑口无言。

客户嚷道："马上回去问清楚了再过来！"

彭亮只好无奈地回公司了。过了几天，他再次去拜访客户，不料客户已经跟另一家公司签订了合同。

"你们产品的性能有哪些优势？""你们产品包含哪些成分？""你们产品的参数是什么？"各种各样的询问会让不懂产品的销售人员"原形毕露"。

因此，销售人员必须专业，只有充分地了解自己的产品，才能知道产品适合怎样的客户，能给客户带来怎样的好处。

案例33 跟着工程师学习，销售人员最终靠掌握产品知识而拿到订单

吴航的公司主要经营装饰材料，他在朋友聚会上遇到了一位从事相关行业的客户，六十多岁，戴着眼镜，看起来精神矍铄。他们双方先互相做了自我介绍，然后客户问吴航："你们的乳胶漆主要成分是什么？"

吴航说了一些，但说得不着边际。客户马上就说出了乳胶漆的成分和主要分类，他列举了很多，但吴航有很多地方都不懂。

吴航看出客户是个专家，马上改口说："刘老，不好意思，关于您提的这个问题我还真回答不上来，要回去问一下工程师，明天才能答复您。我们都是销售半成品，对于所用的原材料我还真的不清楚，请您谅解。您才是真正的行业专家啊！有时间真得跟您好好学习才行。"

客户说："作为销售人员，你应该对产品有详细且专业的了解，否则我们怎么谈呢？既然大家谈合作，那么我就要了解产品的性能与参数，这样才能做试验，确定预订哪种产品。"

于是，吴航连续一星期都围着工程师了解乳胶漆的相关产品参数、主要成分，边听边记。一星期后的交谈相当愉快，一切进展得都非常顺利，吴航最后拿下了客户所有乳胶漆的订单。

吴航在事后感叹道："说实话，我做了这么多年销售，现在才知道我对产品知识的了解太浮浅，说白了也就懂点儿皮毛，平时遇到了一点儿小问题就打电话询问工程师，但通过这次和刘老做生意，我受益匪浅，原来做销售要先做产品专家。"

想要成为一个产品专家，我们需要掌握以下产品知识。

1. 产品名称

很多产品有各种不同的名称，如药物有通用名、商品名、化学名等，不同厂家制造的也会有不同的别名。一些产品名称中包含了产品的特征，如"无糖饼干""碘盐"等。我们必须对产品的名称充分了解，才能在销售过程中避免出错。

2. 技术含量

技术含量是指产品含有多少技术。技术含量越高，产品的价值就越大，而我们需要具备的产品知识就应该越多。在为客户介绍时，我们要重点突出产品的技术优势，引导客户喜爱产品。

3. 物理特征

产品的物理特征包括产品的型号、规格、原料、质地、颜色、外形、包装等。一种产品可能有许多不同的型号、颜色等，我们必须详细了解，才能为客户推荐最合适的产品。

4. 产品效用

我们要研究产品能给客户带来怎样的用处，为客户解决什么问题，满足客户什么需求，这样才能让客户明白为什么要购买我们的产品。

5. 产品特性

想吸引客户，产品必须具备一些独特的优势，比如优于其他产品的性能。有时产品的一个特殊优势就能赢得客户的倾心。这就要求我们在了解自己产品的同时，还要了解其他同类产品，这样才能在比较中清楚自己产品的优劣。

6. 品牌价值

随着人们品牌意识的提高，客户比过去更加注重产品的品牌知名度，一个具有竞争力的品牌，会让客户更加信任。

7. 性价比

很多客户在购买产品时会着重考虑性价比，尤其是在购买价格很高的产品时。我们要对产品的性能和市场价格有全面的了解，能够向客户讲解产品的性价比，这样才能让客户满意。

8. 产品服务

现在人们越来越重视产品的售后服务，但产品服务不仅是指售后服务，还包含售前服务和销售中的服务。在产品质量过关且与众多竞争对手的价格差异不大时，产品吸引客户的往往不是产品本身，而是产品所包含的服务体验。

9. 公司情况

很多销售人员认为，自己销售的是产品，又不是公司，所以忽略了对公司相关情况的了解。其实，从客户角度来看，销售人员代表的就是公司，如果销售人员不能对有关公司的问题及时做出准确的回答，就会对自己的业绩和公司的声誉产生很大的影响。

10. 法律知识

某些产品在销售和使用方面会有很多的法律限制，比如药品、香烟等。另外，关于合同方面的法律知识，销售人员也必须要有所了解，避免产生法律纠纷。

销售技巧

要想成为一个产品专家，我们不仅需要具备丰富的产品知识，还要找到客户的产品需求。最好的产品就是最能满足客户需求的产品，客户最想了解的产品知识才是我们最需要对客户介绍的产品知识。

二、语言太低级——要有专业感才行

人们在选择产品时会有服从权威的倾向，对一些专家、学者等权威人士说出的话深信不疑。人们总认为专家的话语更可靠，听从专家的建议一定不会错。选择服从权威，人们心中就会得到安全感。

专业代表着权威，如果能让客户从内心认同我们“专家”的身份，那么说服客户购买产品将是一件非常简单的事情。为此，我们需要表现得很专业，在销售过程中学会像专家一样讲话，在客户面前树立起一个权威形象，用专业语言给客户带来安全感，让客户认为我们所说的话都是有用的，以此来赢得客户的信任。

案例 34　销售人员的专业分析让客户改变想法，购买更贵的货车

林毅就职于一家汽贸公司，要与一家物流公司谈判。这家物流公司需要购进一辆大型半挂货车，并倾向于购买价格比较低的单轴车，但林毅想向客户推荐的是价格较高的双轴车。

林毅说：“您主要运输什么类型的货物？大概需要多少吨位？”

客户说：“都是一些配货，种类很难说，载重当然是越大越好，这样才能赚钱嘛！”

林毅说：“您也知道，自从2016年9月1日以后，双轴车按规定比单轴车最大总重多4吨，尽管车身要重一些，但双轴车比单轴车还是能多载重3吨。另外，双轴车比单轴车的安全性高得多，操控性也更好，爬坡能力更强。如果您需要走一些山路，双轴车比单轴车更适合。”

听了林毅的话，客户陷入了沉思。林毅拿出一支笔，帮客户计算了吨位差异和故障率，并详细地讲解给客户。听了林毅的讲述后，客户最终选择了一款双轴驱动的大型半挂货车。

林毅之所以能让客户花更多的钱购买双轴车，就是因为他通过专业性的讲解树立了一个权威形象，让客户对自己产生信任感，从而听从自己的建议。要想给自己树立一个专业的权威形象，要尽量避免使用过于口语化的语言，适当使用一些专业术语，以客户能听懂为宜。

销售技巧

树立专业的权威形象，让客户信任，我们还需要保持充分的自信，用自信去感染客户。如果连自己都没有信心，客户怎么会对我们的产品有信心？没有自信，说出来的话再专业也没有说服力。

三、专业术语太枯燥——让客户听懂你说的话

有的销售人员为了向客户展示自己的专业性，在向客户介绍产品时会说一连串的专业术语，让很多不懂专业术语的客户如坠云里雾里，不知所云。

事实上，如果客户听不懂，那销售人员说得再仔细又有什么用呢？对客户来说，既然所有的专业术语都是无法理解的，那销售人员说不说这些话又有什么区别呢？

案例35　保险销售人员运用专业术语把客户说晕，被客户断然拒绝

李烨从事寿险销售工作不足两个月，每次联系客户时，他都向客户炫耀自己是保险专家，在电话中向客户说一大堆专业术语。客户根本听不懂，所以很少有客户愿意与李烨见面。

有一次，李烨终于争取到一个与客户见面的机会。见面后，他依然没有改变自己的说话方式，连珠炮似的说了一大堆专业术语，让客户根本摸不清头绪，客户很快便露出反感的神情，直接拒绝投保。

从客户那里离开后，李烨也不知道自己到底错在哪里，向公司前辈请教后才知道，自己表现专业过了头，为此懊悔不已。

李烨总想把自己塑造成一个专业人士，满口都是专业术语，客户怎能听懂？客户听不懂，又怎么会接受产品呢？

我们应该用简单、通俗的话语来“翻译”专业术语，让客户听得明明白白，这样沟通才能顺畅，业绩才会提高。

要想让客户听懂自己的专业术语，我们需要注意以下几点。

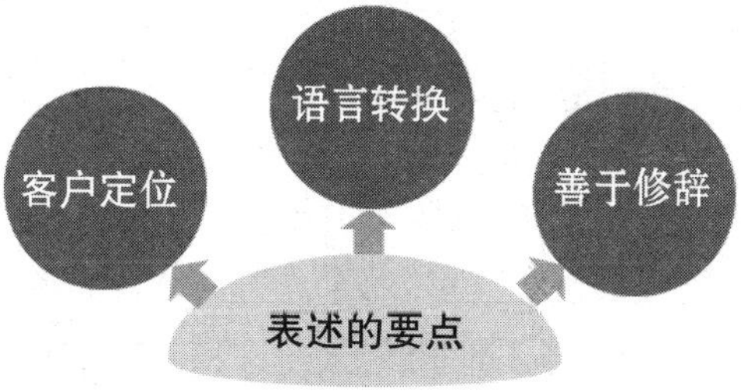

1. 客户定位

我们首先要判断客户是否具备与我们同等的专业水平，然后根据客户的水平来调整自己的语言。如果对方是工程技术人员，那就可以多谈论一些技术方面的话题，专业术语多一些也无妨；如果对方是高级管理人员，那就需要用企业利益、市场情况等来说服对方；如果对方是普通消费者，那就用通俗易懂、贴近生活的语言来介绍产品。

2. 语言转换

我们面对的大部分客户都不具备技术背景，因此太多的专业术语会让客户一头雾水，而客户几乎不会去购买一件他无法理解的产品。使用通俗的语言和客户交流非常重要，这就需要我们掌握语言转换的能力，将晦涩、深奥的专业术语用通俗易懂的方式表达出来，以让客户理解并接受。

3. 善于修辞

我们可以在交谈中运用比喻、拟人、类比等修辞手法将枯燥的产品知识变得生动有趣，这样不但能将一些比较复杂的内容向客户解释清楚，还能活跃气氛，不至于让客户感到枯燥乏味。

销售技巧

避免使用专业术语并不是避免使用专业知识，专业知识是运用通俗语言解说的基础，通俗语言是专业知识的表达方式。做到通俗而不庸俗，话语形式通俗，但有内容，这样才能获得客户的信任。

四、说话太着急——说话要掌握节奏

销售人员的话语与客户的思维就像两个并肩行走的人，销售人员讲得太快，就会丢掉客户。掌握自己的说话节奏是每个人都应该注意的问题。在语言交流中，语速快慢在不同程度上影响我们向他人传递信息的效果。语速太快，致使某些词语模糊不清，他人就无法听懂我们所说的内容。

销售人员在面对客户时经常忽略语速问题，很多人也认为做销售就应该语速快一些，这样才显得有水平。其实这样的想法是错误的，如果我们说得太快，客户的思维跟不上我们的节奏，就无法消化我们所说的内容。

另一方面，语速过快还容易被客户认为我们内心缺乏对谈判的掌控，或者是想用语言来迷惑他们。

一般来说，语速过快有以下几个原因。

1. 习惯问题

销售人员一天重复无数次类似的谈话，熟练了以后语速自然越来越快。还有一些人本身说话速度就很快，在说自己熟悉的话题时语速自然更快。

语速过快的习惯可以通过图示 4 种方法进行调整。

1 从 1 数到 10，第一次 5 秒钟数完，第二次 10 秒钟数完，第三次 20 秒钟数完。

2 经常练习高声朗诵报纸上的文章，先用铅笔将你认为要连贯的字词做个记号，朗读时移动铅笔，引导自己的声音，并调节语速。

3 录下自己说话的声音，然后回放，检查自己的语言是否流畅，是否跳跃、停顿。

4 试着模仿新闻报道中播音员的说话方式，掌握合适的语速、吐字等。

2. 时间问题

客户一般会限定见面交谈的时间，因此销售人员总是希望在最短的时间内表达更多的内容。为了更好地控制时间，一些销售人员就会在不知不觉间加快自己的语速。然而，最高效率的谈话是在最短的时间内让对方得到更多的信息，而不是单纯让自己表达更多，这就需要有良好的时间把握能力和信息表达能力。

为此，我们可以从图示两点进行努力。

1 提前做好准备，将谈话的进度和可能出现的情况预先设想到。

2 保证表达准确、语言精练，丢掉一些不必要的废话，这样就能节省时间。

3. 情绪问题

一般人在紧张状态下会情不自禁地加快语速，急匆匆地讲完要说的话，这样不但让客户很难听清内容，还会给客户留下很不好的印象。

打铁还需自身硬，这些容易紧张的销售人员，需要做的是增强自身实力，熟练掌握业务知识，不断积累销售经验，并在见客户之前提前了解客户的基本信息，做到胸有成竹，自信干练。

销售人员应该根据工作的安排、听众的类别、现场的气氛等因素来调整自己说话的声音、语速。

销售技巧

说话节奏能够影响客户的心理，如果说话过快，客户无法跟得上我们的思维，无法理解我们所说的话，就会表现出不耐烦的情绪，觉得我们不尊重他，从而拒绝成交。因此，我们需要调整自己的说话节奏，以适合不同销售情境的需要。

五、产品介绍有要求——要符合 FABE 法

产品介绍是销售活动的重要一环，直接决定着整个销售活动的成败，一个好的产品介绍方法会大大提高销售的成功率。

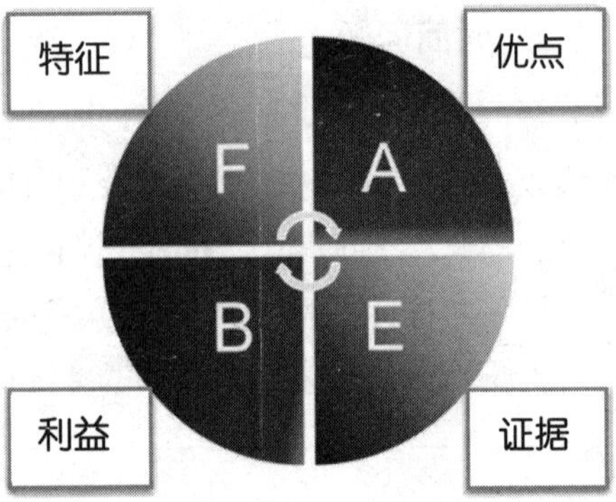

FABE 法是指通过介绍和比较产品的特征、优点，陈述产品给客户带来的利益，提供令其信服的证据，达到销售目标的过程，其销售过程分为以下四步。

1. 特征

产品特征是指产品的特质、特性，包括产品的性能、使用的简易及方便程度、耐久性、经济性、外观特点及价格等。对于信息比较复杂的产品，我们可以将产品信息做成卡片或宣传材料，这样既能避免自己讲解出错，也能减少客户的疑虑。

2. 优点

产品优点是指产品的特殊作用，或某项特征在该产品中扮演的特殊角色和具有的特殊功能等，以及相对于同类产品的优势。

3. 利益

产品利益是指产品具有的能够满足客户需求的特定优势。这是 FABE 法最重要的一步，我们应在了解客户需求的基础上，把产品能给客户带来的利益充分列举出来。

在阐述产品利益时，要更多地强调产品给客户带来的内在的、实质上的利益，可以用众多形象化的词语来帮助客户虚拟体验产品。

4. 证据

我们要在销售中以真实的数字、案例、实物等证据来解除客户的各种异议与顾虑，激发客户的购买欲望。

"先生，您看一下，我们这款沙发是用真皮制作的。"真皮是沙发的产品特征，即 F。

"您坐上去试试，非常柔软。"柔软是沙发的优点，即 A。

"您坐上去是不是非常舒服？"舒服是带给客户的利益，即 B。

"它的销量特别好，很多人都很喜欢。"销量是沙发好的证据，即 E。

"先生，您看一下，我们这款沙发是真皮的，它非常柔软，坐上去非常舒服，它的销量特别好，很多人都很喜欢。"将四句话连起来就成为一个标准的产品介绍。这就是 FABE 法的魅力。

案例 36 销售人员用 FABE 法介绍冰箱，完美展现冰箱的各种产品优势

"您好，这款冰箱最大的特点是省电，它每天的耗电量只有 0.35 度，也就是说 3 天才用一度电。"（F）

"以前的冰箱每天用电都在 1 度以上，质量差一点儿的可能每天耗电达到 2 度。您一比较就知道它一天能为您省多少钱。"（A）

"假如 0.8 元一度电，一天大概可以省 0.5 元，一个月就可以省 15 元，相当于省出您的手机月租费了。"（B）

"这款冰箱为什么那么省电呢？"

"它的输入功率是 70 瓦，就相当于一个电灯的功率。这款冰箱用了最好的压缩机、最好的制冷剂、最优化的省电设计，它的输入功率小，所以省电。"（E）

"这款冰箱的销量非常好，您可以看看我们的销售记录。如果合适的话，我就帮您订一台。"（E）

FABE 法的目的就是一步一步地吸引客户，让客户不断喜欢上产品，最后难以抑制购买冲动，从而做出购买行为。

销售技巧

FABE 法并不深奥，它只是一种更好地介绍产品的辅助工具。要想将 FABE 法运用得当，还要在销售过程中随时关注客户的反应，不断调整自己的阐述重点，以切合客户的想法。

六、客户有疑问——做顾问式专家，为客户解决问题

销售人员要树立一种心态：不要总想着销售产品，而是帮客户解决问题。现代销售理念中很重要的一点就是做顾问式销售。

顾问式销售能更好地帮助客户收集并评估信息，减少费用支出，使客户在使用产品的过程中获得更好的体验。销售人员不能只着眼于一次交易，而要通过自己的专业知识和积极的态度同客户保持长期的合作关系。这就要求销售人员首先考虑客户的利益，从客户的角度出发，始终保持对客户的热情，最后适当让利于客户，从而实现双方共赢。

普通销售与顾问式销售的区别如下：

	普通销售	顾问式销售
产品角度	展示产品的性价比，突出产品的特性和价格优惠	从客户的需求出发，站在客户的角度，根据其喜好提出建议
消费者角色	客户是上帝	做客户的朋友，分享对产品的看法和态度
营销目的	只关注如何将产品销售出去	除了关注如何销售产品，更关注如何赢得客户的信赖与认可

那么，如何做一名顾问式销售呢？

1. 一定要比客户知道得多

客户不知道的，我们要知道；客户知道的，我们要比客户知道得更清楚。比如，下面是一名汽车销售人员与客户的谈话。

客户问："你这辆车好在哪里呢？"

销售人员说："这辆车的质量很好。"

客户又问："质量好体现在哪里呢？"

销售人员说："车体是采用合金钢制造的。"

客户又问："合金钢是什么材料？"

销售人员说："这个我不太清楚，您上网一查就知道了。"

如果一切都需要客户自己去了解、去查询，客户还询问销售人员干什么？一个称职的销售人员就应该有能力把产品介绍清楚，尤其是产品的功能和制作原理，绝不能被客户问倒。

2. 了解其他行业与产品相关的常识

一个沙发销售人员只知道沙发，却不懂室内装修和设计，怎么帮客户选择合适的沙发呢？因此，只了解自己的行业是不够的，一个合格的销售人员不但要对自己本行业的专业知识有充分了解，还要对其他行业与产品相关的常识有大概的了解。

3. 站在客户的角度上

解决客户问题的前提是站在客户的角度上看问题。我们要有这样的观念：我们不是"卖"东西给客户，而是帮客户"买"东西。比如，服装店的店员需要做的是为客户挑选价位、风格最适合他的衣服，而不是只想着把最贵的衣服卖给他，然后在背地里嘲笑他。

4. 第一次的客户也是永远的客户

专注于客户，而不是订单。销售人员要以与客户长久合作的心态来对待每一位客户，这样才能真正让自己从心里接受客户，愿意帮助客户解决问题。

案例 37 诚品书店提供周到服务，让客户不止一次来这里看书

诚品书店 24 小时营业，室内地板是纯实木的，而且非常干净，顾客可以直接坐在地上看书。为了美化环境、烘托读书的气氛，书店里还装饰了油画、鲜花，并播放优雅的音乐，还有供顾客享用的咖啡，每周的周一、周三、周五下午 2 点到 5 点还有名人讲座。

最重要的一点是，顾客提到的任何一本书，工作人员都会想尽办法找到。

因此，很多精英人士闲暇时就会来这里。因为书店经营者知道：客户不是只做一次的，而是做永远的。

案例38 将问题变成需求，将需求变成业绩，顾问式销售赢得大单

陈立海是一名节电设备销售员，他经过市场调查之后，发现有一家公司还尚未安装节电设备，于是通过电话预约与公司经理见面。

见面后，陈立海与经理简单寒暄了几句，就直接问道："请问贵厂有没有安装节电设备？"

经理摇摇头，说："没有，一直没有这方面的计划。"

陈立海说："据我了解，贵厂的效益挺不错的，在成本控制方面一直做得很好，具体操作中有什么困难吗？"

经理点点头，说："确实，我们一直追求高标准、高效益，在同行业内算是比较优秀的。由于我们使用先进的原料控制系统，工作效率很高，所以成本一直控制得不错。不过我们在用电量方面确实有些问题，超出很多同行企业，这是我们在成本控制方面的一大困扰。"

陈立海问："也就是说，贵厂在用电高峰期支付的电费比同行企业高很多？"

经理说："是啊，每年夏天的电费都高得惊人，我们也想不出好的解决办法。"

陈立海继续问："除了用电量大之外，是否还经常出现电压不稳的问题？"

经理说："确实是，夏季几个月的电压总是偏高。"

陈立海顺着经理的话说："这很正常，电力部门为了防止民用高峰期电压不足，减少供电线路的损耗，往往以较高的电压供电。您也知道，电压过高对你们来说不是什么好事情。"

经理说："我当然知道，电压过高会增加我们的用电量，让我们支付更多的电费。"

陈立海继续引导经理："除了增加用电量以外，电压不稳还会给设备造成影响吧？"

经理说："当然会，温度升高会缩短设备的使用寿命，增加维护和修理的费用和时间，严重的可能直接损坏设备，影响生产，甚至停产。去年因为电压不稳，有一台大型烘干机被烧毁了，直接造成损失50万元。"

陈立海问："照这种情形来看，那稳定电压对贵厂来说是不是一件很重要的事情呢？"

经理说：“对，稳定电压不仅可以节省电费，还能保护设备。”

陈立海问：“从贵厂的实际情况来看，您是否可以考虑使用一种能节省用电量的稳压设备？”

经理说：“我们确实迫切需要解决电费惊人和电压不稳的问题，这样一来就能更好地控制成本，增加收益，减少事故，保证生产活动的顺利进行。”

“我认为这种设备是最适合贵厂的。”陈立海拿出笔记本电脑向经理展示本公司的稳压设备和相关解决办法。

最后，经理非常愉快地决定采购陈立海所在公司的节电设备。

通过询问和分析启发客户的潜在需求，然后提出解决客户问题、满足客户需求的方法，让客户意识到我们提供的产品以及解决办法恰好能满足其需求，这便是顾问式销售的工作方式。

销售技巧

销售人员不能单纯地认为自己只有销售这一种角色，在面对客户时，既是客户的朋友，又是销售者和客户的顾问。如何扮演好这三种角色，是做一名顾问式销售的关键所在。

第五章

销售就是说服人，让客户从心动到行动

销售策略

不是所有的客户都会从一开始就心甘情愿地购买产品，其购买的过程是由拒绝到合作、由消极到积极、由怀疑到信任。做销售，其实就是想方设法说服客户，使其从心动到行动。

一、需求就是购买力——根据客户的需求推荐产品

无论选择何物，适合的才是最好的。最好的选择，是满足客户内心最深处的渴望。

要想获得销售成功，就应该了解客户的需求，根据客户的需求来向其推荐产品。首先要充分了解客户，了解其身份、性格、经历和购买力等；然后发现客户面临的问题，知道他在遇到什么问题时需要什么产品；最后总结出客户对产品的期望，找出与之匹配的产品进行推荐。

案例 39　小发现创造大需求，处于竞争劣势的华为将交换机订单尽收囊中

2001 年，中国铁通准备启动本地网建设项目——“铁通一号工程”，对设备供应商来说，如果接手这个项目，以后一定会占据铁通很大的市场份额。很多设备供应商都积极自荐，最后有三家厂商入选：华为、A 公司和 B 公司。

J 省是这个项目的第一个启动地区，华为马上派驻项目组人员进行市场调研。调查显示，华为的设备在本地区使用量很少，客户关系也一般，而且价格偏高，但华为的设备功能比较强。

A 公司在本地区已经有 8 000 门交换机在使用，与铁通的内部人员关系较好，在客户关系上占有明显优势。但 A 公司的设备比较陈旧，功能也较差，运行很不稳定。B 公司竞争力比较小，不会对华为形成多大威胁。

铁通之前已经使用 A 公司的设备，对这种设备的操作和维护都比较熟悉，很难让他们更换设备。客户对华为表示：“听说你们公司交换机的模块功能比较强，所以这部分我们想用你们公司的，但汇接局我们还是要用 A 公司的，因为我们原来就用他们的设备，对它比较了解。”

如果华为不能占据汇接局这一战略制高点的话，就只能充当一个配角，随时都有可能被挤出市场，但强力销售根本不起作用。

华为项目人员有意识地询问客户 A 公司交换机的使用情况，终于在其中发现了一个机会——A 公司的交换机不具备局间计费功能。客户与中国电信之间的结算完全由电信公司说了算，每个月损失十几万元。

华为项目人员进一步询问客户：“现在 8 000 门交换机一个月就损失十几万

元，那么将来铁通发展到几十万门甚至几百万门交换机时会怎么样呢？”这一句话顿时让客户意识到了问题的严重性。

随后，华为项目人员在与客户的交流中着重介绍自己的局间计费功能和由此能为客户带来的经济利益。最后客户选择了华为，第一期的 37 000 门交换设备被华为尽收囊中。

华为公司先是充分了解客户和竞争对手的情况，然后挖掘客户的需求，根据客户的需求提出解决方案，最终赢得了客户的订单。

根据马斯洛需求层次理论，人类需求像阶梯一样从低到高按层次分为五种，分别是生理需求、安全需求、社交需求、尊重需求和自我实现需求。

面对客户时，我们可以根据这一理论分析客户的需求层次，根据其需求层次来推荐相对应的产品。

我们可以通过以下方法来了解客户的需求。

1. 询问了解法

了解客户需求最有效的方式就是询问，可以在与客户交谈的过程中提出有效的问题，使其说出心中的潜在需求，并以此为依据提供最适合其需求的产品，从而激发其购买欲望。

2. 倾听了解法

有效倾听要做到图示几点：

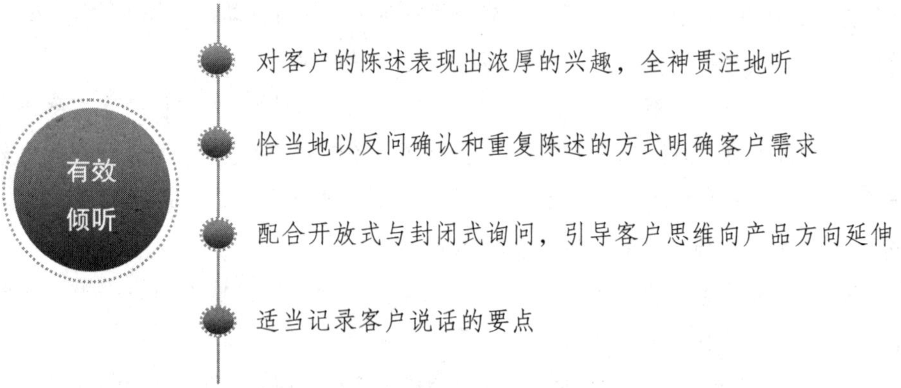

3. 间接了解法

通过第三渠道，如询问他人、市场调查、客户数据库分析等，发现客户的需求。

销售技巧

每一位客户都有各自不同的需求，不能一概而论，因此我们在介绍产品之前要先分析一下客户的类型，然后有针对性地向其推荐产品，并根据客户的反应对产品做出调整，以找到客户真正的需求。

二、客户只买更好的——突出产品的优势

一件产品想要获得客户的青睐，就要有其独特的优势，有其他产品不具备的特点。

产品有卖点，客户才有购买欲望，如果自己的产品和其他产品没有任何区别，那客户为什么不选择其他产品呢？

吸引客户，让客户接受，销售产品需要突出产品的独特优势。客户看到这种产品具有其他产品所没有的优势，能满足自己的独特需求，自然会乐意购买。

案例40 销售人员说出洗衣机的超长保修服务，使养老院院长心动购买

高松是一家家用电器公司的销售人员。有一天，他从朋友那得知，某私立养老院打算购买一批洗衣机，于是便上门拜访了院长陈立德。

陈立德听完高松的介绍后，明确表示："我们确实打算购买一批洗衣机。不过上午已经来过3位销售人员，我现在也不知道该买哪一种了。这样吧，你不如留下名片，等我考虑好了再给你打电话。"

如果留下名片就离开这里，被选中的可能性不会很高。高松明白，面对竞争对手，只有突出自己的产品优势才能吸引院长的注意。

高松问院长："你们为什么要更换洗衣机呢？"

院长说："以前的洗衣机使用时间太长了，需要维护，但又不在保修期，维护起来很麻烦，再加上我们养老院的老人越来越多，需要洗的衣服也越来越多，为了提高效率，我决定购买一批新的洗衣机。"

高松说："我想我们公司的洗衣机可以为您免除洗衣机维护和修理的困扰。"

院长不信，摇摇头说道："洗衣机不都是1年的保修期吗？"

高松承诺道："我们公司的洗衣机不一样，有3年的保修期，而且3年之后还提供上门维修服务，价格只有市场价的一半。"

院长的眼睛一亮，说："那洗衣机的功能怎么样？"

高松说："我们公司的洗衣机的功能和其他公司的洗衣机是一样的，费用也基本相同，同样的价格却可以获得更多的服务，绝对物超所值！"

院长这时心动了，忙说："好，那你给我说说你们公司的洗衣机都有哪些功能吧，讲得越具体越好。"

就这样，高松在讲完洗衣机的产品细节后，院长很痛快地答应从他这里购买洗衣机。

为了向客户准确而详细地说出产品优势，作为销售人员，我们必须对自身的产品十分了解，能够发现产品具备的独特优势。

我们可以从以下几个方面来发现自身产品的优势。

1 **特性优势**

功能、安全性、稳定性、可靠性、美观性、适用性、耐久性等。

2 **价格优势**

与同类产品相比价格更低；在同价位中性能最好，性价比高。

3 **售后服务**

完善的售后服务体系、优质的服务、超长保修时间、退换货方便及时。

4 **品牌效应**

优秀的品牌形象，品牌的价值及市场认可度，口碑好。

销售技巧

要想激起客户的购买兴趣，突出产品的优势是非常关键的。如果与其他产品的特征相同，客户会不知如何选择，成功的机会就小得多。我们要在找准客户需求的基础上，深挖产品特色，将其优势准确告知客户，使其不由自主地想要购买。

三、客户购买的是产品的使用价值——说清楚产品的功用

客户需要的不是产品的价值，而是产品的使用价值。

案例 41 销售人员提出无线呼叫系统的功能，使餐厅经理改变想法

石建的公司经营无线呼叫系统，他准备向一家餐厅推荐自己的产品。这家餐厅虽然不是特别有名，但档次比较高端，客流量也不少。

餐厅经理对石建所销售的无线呼叫器兴趣并不是很大，因为他觉得自己餐厅的客人大都是一些回头客，已经习惯了人工呼叫这种方式，在日常工作中也没有什么问题。

石建对经理说："服务质量和形象对于餐饮企业非常重要，尤其是像这样的高端场所，客人消费中服务的比例要大于实物消费。"

经理点点头表示同意，石建继续说："实际上客人消费的是商家的服务，服务质量包含两个方面：客人呼叫服务的复杂程度、服务员的响应速度和服务态度。我们公司的产品对服务响应速度可以进行全面提升和管理，包括无线呼叫服务、移动接收信息、全程监控服务过程、服务响应超时报警、无线调度、呼叫量和服务响应合格率统计等。"

客户似乎没什么感觉，说："那又怎样呢？"

石建说："假如您采用了我们公司的无线呼叫系统，会有很多好处。第一，无线呼叫系统能让您的咖啡厅做到呼叫无打扰，服务员不需要经常去询问客人需要什么，客人也不需要大声招呼服务员。服务质量提高了，服务模式有特色，消费环境变好了，客人当然愿意再次到您这里来消费。

"第二，如果客人过多，服务员可能无法顾及所有客人，难免会遗漏有需求的客人。使用我们的无线呼叫系统后，服务员可以通过无线呼叫器及时准确地接收每一位客人的需求信息，立刻为客人提供服务，这样就会增加接待数量，相应地也会增加销售额。

"第三，在很多消费场所，客人第一次点单后可能还有第二次点单的想法。如果服务速度慢或没有及时找到服务员，就极有可能会放弃第二次点单的行动。据统计，这部分的销售额一般占总营业额的 5%~15%。使用了我们的产品，客人一个按钮就可以叫来服务员，让您不再流失潜在的订单。

"第四，呼叫系统和服务质量监控系统使服务场所的服务更加有条理，服

务员的工作有明确的标准，无须人为监控，这样可以降低管理压力，提高管理效率，节省管理成本。服务质量监控系统就像公司用的考勤打卡机，有了它，每个人都会努力在规定的时间内完成工作，因为服务人员知道不按时完成，系统都有记录，管理人员就会知道，对自己的业绩有影响。”

等石建说完后，客户马上来了兴趣，问道：“安装这个会不会影响我们的正常营业？”

石建马上向客户保证：“您放心，我们这是无线产品，不需要布线，也不需要穿墙，很短时间就可以安装完成，完全不影响您的正常营业。”

石建将客户能够享受到的效益分成了四点，将其清晰、准确地介绍给客户，使客户对自己不了解的产品产生了兴趣。客户认为自己能从中获得效益，自然就倾向于接受销售人员的推荐。

如果客户还是无法下定决心去购买，就需要调动其积极性，让客户自己想象使用产品时的感受。我们可以一边讲述使用价值，一边让客户自己想象，以便于加强产品在其心中的地位。

每个客户心中都有一个天平，一边是产品带来的使用价值，另一边是产品的不足，我们要想从中取胜，就需要不断地向效益这一边加砝码。

销售技巧

销售人员认为的产品效益不一定是客户认为的产品效益，要想让客户真切地感受到产品能够给其带来的效益，就需要在沟通中不断了解客户，找到客户的利益关注点，然后在客户的利益关注点上重点推荐。

四、现场演示+语言引导——双管齐下，争取客户

再好的推销，都不如亲眼看见产品的效果，这样更容易打动客户。现场演示就是把某种东西拿出来展示、操作。例如，销售人员向客户演示仪器的用法，对其功能和用法进行提示性或者模拟性的操作。对无法直接演示的产品，可采用放映视频的办法。

我们可以采用现场演示的办法来吸引客户，让客户能直观地感受到产品的效用。

案例 42　现场演示一：疯狂的压路机碾压席梦思床垫竟完好无损

某家具厂在上海体育馆附近的空旷地上进行产品演示，将新推出的席梦思床垫平放在地上，并开来一辆 10 吨重的压路机。

很快，现场被围得水泄不通，只见那合抱粗的滚筒，伴随机器的“隆隆”声，朝席梦思床垫毫不留情地碾压过去，这样接连往返 5 次。现场的人们都觉得床垫肯定会被轧坏。

然而，工作人员当场拆开检验发现，一张 1.8 米宽的席梦思床垫，共 328 个弹簧，竟完好无损，目击者无不拍手称奇。从此，这款床垫风靡一时，工厂每天要收到来自全国各地求购床垫的大量订单。

案例 43　现场演示二：玻璃钢茶几，任凭怎样遭受“折磨”也安然无恙

匈牙利有一家老牌玻璃制品公司，为了使自己新推出的茶色玻璃钢茶几在市场上一炮走红，他们在公司的销售大厅门前开展示范活动：摆好茶几，把煮沸的开水不停地往茶几上面浇，同时还用瓶子、杯子不停地往茶几上面砸，茶几安然无恙。该公司的示范表演只进行了几次，产品就在匈牙利市场上扬名，很快成了人们争相抢购的“明星”产品。

案例 44　现场演示三：榨汁机摔到地上也没有损坏，使其销量剧增

在 S 市百货大楼的小家电柜台前，两名销售人员正在做榨汁机的示范表演。一名销售人员面前摆满了橘子、苹果等水果和一个个漂亮的玻璃杯子。只见他简单操作几下，一杯果汁就制作出来了。

另一名销售人员说，这种榨汁机是用超级玻璃制成的，能防酸、防碱、防摔，一边说一边把榨汁机摔到地上，捡起来后榨汁机毫发未损。

短短一个下午，这个小柜台就售出上百台榨汁机。

在这三个案例中，销售人员就是利用现场演示的办法吸引了客户的注意力，获得了客户的信任。

当然，在进行现场演示的同时，也可以通过语言来引导，加深客户对产品优势的印象。要想成功地使用现场演示+语言引导的办法，我们需要注意以下几点。

1. 现场演示

（1）寻找重点，突出优势

产品演示并不是将产品拆卸下来让客户全部看见，而是向客户展示产品的优点，所以针对不同的产品要选择最合适的一面来展示。如果把产品的缺点也展示出来，很有可能就会降低客户对产品的好感度。

（2）让客户亲自体验，获得信任

如果只有销售人员操作产品进行演示，客户不一定会信任。可以邀请客户亲自尝试、体验，通过实效说服客户。

（3）别出心裁，震撼人心

产品演示的内容一定要有新意，出奇、出彩，这样才能最大程度地震撼客户，把产品的效果和效益最大化地展示出来。

（4）就地取材，现场演示

产品演示中使用的工具最好能就地取材，这样可以增加演示的真实性。如果不方便就地取材，也要尽量采用一些比较常用的、客户熟悉的工具。

（5）引人注目，新奇有趣

产品演示的方式一定要新奇、有趣，让客户在轻松、有趣的氛围中欣赏，太沉闷的表演是无法吸引客户的。

（6）制造出乎意料的效果

在整个产品演示中要有对比、有转折，让客户的情绪就像过山车一样上下起伏，最后以一种出人意料的方式来结束演示，展示精彩的结果。

2. 语言引导

（1）分析客户

客户是产品演示的观众，因此我们在进行产品演示时要摸清客户公司的规模、客户年龄、知识水平、职位高低等，如果不加考虑地进行演示，就很难戳中客户的内心，客户可能很快就会失去耐心，从而对产品失去信心。

（2）引起注意

如果客户根本没有注意我们，我们的产品演示就不会产生任何效果。因此，我们可以通过善意的问候，赠送小礼品或者举行互动游戏等方式来引起客户的注意。

（3）开场白

说好开场白是很重要的一点，一个出色的开场白能快速吸引客户的注意力，使其快速记住产品，并对产品特点留下深刻的印象，从而有兴趣继续观看。

（4）语言技巧

用求教、启发、协商、限定等提问方式来引导客户的思维，使其关注产品演示的过程以及效果。

销售技巧

要做好现场演示，需要使用丰富的肢体语言，用手势、表情、姿势等协助表达，以增强演示效果。肢体语言运用得当，可以大大增加我们的魅力，使客户对我们产生好感，这更有利于客户对产品印象深刻。

五、产品并非十全十美——坦诚产品缺点，帮客户权衡利弊

“金无足赤，人无完人。”没有什么是完美无缺的，真正完美无缺的事物只存在于人们的想象之中。

在销售活动中，没有哪一个客户会天真地认为这个产品完美无缺，他们只是想在众多选择中挑选出一款更适合自己的产品。

如果我们只是一味地夸耀自己的产品，把产品优点说得天花乱坠，就难免会引起客户的怀疑，加深其疑虑。客户会认为我们夸大了产品功能，并有意掩盖某种瑕疵。

如果客户提出产品的一些缺点，我们还不停地辩解和争论，只会让客户更加坚信自己的看法。

我们不能把产品的缺点直接掩饰过去，最好的办法就是向客户坦诚产品的缺点，然后帮助客户分析产品的优缺点所带来的利与弊，使其做出最终的决定。

案例 45 导购员隐瞒服装不能水洗的特征，顾客在发现问题后前来索赔

肖云是一家高档服装店的导购员。有一天，一位顾客看中了一件进口面料的衣服，这件衣服高档、典雅、花色柔和，但缺点是不能水洗，只能干洗。

然而，肖云在介绍这件衣服时并没有说出这一特征。她说："您真有眼光，这是我们这里最受欢迎的一款衣服，采用的是高档进口面料，花色柔和，色调温暖，摸起来还特别柔滑……"

顾客听了肖云的介绍后非常喜欢，一下子买了好几件，但顾客买回家后不小心弄脏了衣服，便把衣服放在洗衣机里洗涤，拿出来后却发现衣服完全变形，因此非常生气，于是来到店铺索赔。

肖云在销售过程中对客户不够坦诚，丝毫不提高档服装不能水洗的情况，存在侥幸心理，自以为相安无事，殊不知这样做会使自己陷入十分被动的境地。

案例 46 不隐瞒自家产品的缺点，汽车销售人员受到客户的信赖

刘志是某汽车公司的销售人员，个子不高，其貌不扬，却是他们公司里的销售明星。

一天，一位客户来到刘志所在的汽车公司。刘志在询问了客户的需求后，仔细介绍了几款客户有意向的车，这其中也有其他汽车公司的品牌。

在谈到本公司的汽车时，刘志说："××的加速性能不太好，由于发动机功率的限制，提速较慢，但它的外观朴实大方，内部空间充足，车架坚固，而且故障率也是特别低的……"

分析完各种车的优缺点后，刘志让客户自己来判断哪款车最合适。

客户说："我在其他公司遇到的销售人员都只讲自己产品的优势，而将其他产品贬得一无是处。他们也是为了提高自己产品的销量嘛，这个我理解，但不赞同。没想到你竟然毫不掩饰自己公司汽车的缺点，让我感觉你很坦诚。其实我对加速性能要求不高，只要满足基本要求就行，我更关注车的舒适性。"

客户经过认真考虑后，最终选择了刘志推荐的汽车。

事实上，大部分客户在购买产品时会提前了解各种产品的优缺点，哪怕销售人员不说，客户也未必不知道。与其处心积虑地隐瞒，不如坦诚告知，帮助客户分析利弊，使其感受到我们的真诚，从而对我们推荐的产品更加信赖。

在坦诚介绍产品的缺点时，需要注意以下三个方面。

1. 适当提及缺点

坦诚产品的缺点是为了获得客户的信任，而不是真的让客户否定产品。因此，要向客户适当提及产品的缺点，不能在这方面滔滔不绝。如果客户只接收到与产品缺点有关的信息，就无法对产品产生信任，更不用谈购买了。

2. 欲扬先抑

在介绍产品时要把握好优缺点的顺序。我们可以采用欲扬先抑的手法，先坦诚产品的不足，再用“但是、然后”转折语气，去介绍产品的优点。

3. 强调性价比

在分析完产品的优缺点后，我们应再向客户强调一下产品的性价比。如果能让客户感受到物超所值，他自然就不会因为产品存在的小缺点而拒绝购买。

销售技巧

产品的缺点有时并不可怕，如果合理利用，也可以对销售产生有利影响。比如，有些产品的款式比较老，但使用起来非常方便，价格也便宜，这对于注重实用型客户来说是更合适的选择。

六、人们都爱听故事——训练自己讲故事的能力

现代销售越来越注重激发客户的感性思维，简单的理性分析已经无法获得客户对产品的青睐，而讲故事就是一种激发客户感性思维的独特方式。

检验销售成败的标准不是能否获得短期的产品利润，而是能否建立长期的感情，挖掘客户的长期价值与品牌的长期利润。

我们的潜意识更多是通过图像在工作，并非直接理解逻辑性的和纯理性的抽象内容，而且抽象内容也是经过几次转化之后，变为大脑信号与语言才能被

我们所理解。故事可以在潜意识中形成具体的图像，让客户接受故事中的隐藏含义，进而改变想法和行为。

因此，一名销售人员学会讲故事，就相当于掌握了俘获客户心智的方法。我们可以把故事作为媒介，为产品做好文化包装。有一句话说得好："卖产品就是卖故事。"

案例 47　一生只能买一次的戒指，买的不是戒指，是爱情

Darry Ring（DR 戒指）自成立该品牌开始就定下一个浪漫的规矩：男士凭身份证一生仅能定制一枚，赠予此生唯一挚爱，寓意"一生·唯一·真爱"。不仅如此，客户在购买 DR 时要签订一份真爱协议，承诺一生真爱永不变。

这个规矩并不苛刻，因为对于爱情，它向人们传递的始终都是一生唯一真爱的信仰。一生只能买一次的戒指，代表一生只爱一人，戒指不将就，爱情更不将就！

DR 戒指利用"一生·唯一·真爱"的浪漫爱情故事满足了客户心理上对真爱的渴求，刺激了客户的购买欲。客户产生了情感上的冲动，获得了精神上的满足，还有什么理由不去选择它呢？

要想讲好故事，需要注意以下几点。

1. 分析客户

了解客户的需求和疑虑，认真倾听客户提出的问题，快速、准确地捕捉其心理，然后找到故事切入点，用故事对产品进行包装，以切合客户的感性诉求。

2. 扩大故事库

要想灵活应对不同客户、不同场景、不同问题，就需要有丰富的故事素材。"巧妇难为无米之炊"，如果缺乏故事素材，再优秀的销售人员也无法讲出精彩的故事。因此，我们在平时要注重收集、记录各种各样的故事，为销售工作提供积累。

3. 故事包装

故事的魔力就在于，它能将平淡无奇的事情用精彩的话语讲述出来，让客户既感到新奇、有趣，又不会觉得浮夸。我们要在故事中融入自己想表达的观点，做到以理服人、以利诱人、以情动人。比如，我们可以在故事中阐述产品的卓越性能和独特功能，展示产品的实惠价格，并突出产品对人与人之间的情绪互动所带来的积极影响。

4. 引起共鸣

最好的故事是能触动客户的内心，引起客户情感共鸣的故事。讲故事是为了卖产品，而不是为了满足自己的表演欲。因此，我们在讲故事时要时刻将客户所关注的问题、客户的情感作为重心，让客户听完故事后有身临其境的感觉。

5. 多加练习

把故事讲好是一种技能，并不是一朝一夕就能掌握的。我们可以在平时与朋友、同事的沟通中多加练习，让他人指出自己的不足。

销售技巧

没有哪个客户能忍受销售人员的长篇大论，故事应该短小精炼，一开始就要吸引客户的注意力。整个故事最好控制在 3 分钟内，不能超出客户的倾听时间范围，以免让客户感到厌烦。

七、害怕客户仍有异议——用推定承诺法让客户无法拒绝

推定承诺法就是假定客户已经决定购买，用语言引导客户的思路和选择范围，使其回答符合设定的程序，从而达到销售目的。

与普通的问答法相比，推定承诺法用设置选择项的话语让客户跟着销售人员的思维走。

1	2
“李先生，请问您明天有时间吗？”“没有。”	“李先生，请问您是明天上午还是下午有时间呢？”“上午。”
“我帮您讲一下使用方法吧，怎么样？”“我自己看。”	“您是先办手续，还是我先给您讲解一下使用方法？”“你讲一下使用方法吧。”
“您要鸡蛋吗？”“不要。”	“您要一个鸡蛋还是两个鸡蛋？”“一个鸡蛋。”

在以上三个对比项中，1 是普通的问答法，2 是推定承诺法。可以看出，推定承诺法能有效地减少客户拒绝频率。虽然使用推定承诺法不一定百分之百能成功，但使用推定承诺法的成功率远高于普通的问答法。

案例 48　客户犹豫不决，房产租赁中介却让客户直接签订了租赁合同

栾华是一名房产租赁中介，前几天他接待了一对中年夫妇。客户很友善，没有提什么为难的问题，但总是犹豫不决。

第二次与客户见面时，栾华没有询问客户是否考虑好，而是直接说：“马先生，马太太，前几天咱们看的那套房子，看得出来您二位非常满意。首先是因为户型和面积，另外是景观和朝向……是吗？”

客户说：“是挺不错的。”

栾华继续对客户说：“恭喜二位终于挑选到了自己心仪的住所。现在我们办理一下房屋租赁手续吧，请二位把身份证给我登记一下，并提供一下你们的联系电话。这是一份房屋租赁合同，请二位看一下，看完请在这里签字……” 客户最后按照栾华的话签订了房屋租赁合同。

在这个案例中，栾华就利用了推定承诺法。当客户表示自己有意向时，栾华就将“想法”变为“现实”，假定客户已经决定租赁这套房子，直接进入签约程序。

在使用推定承诺法时，需要注意以下两点。

1. 明确购买意愿

我们必须在明确获得客户的购买信号后，再使用推定承诺法。如果客户对这款产品不感兴趣，还一厢情愿地推定客户购买，就会让客户反感。

客户购买信号

行为信号		语言信号	
沉默思考	态度更加友善	表示赞同	询问付款方式
靠近销售人员	计算得失	贬低产品	询问其他客户
翻阅产品资料	主动打断对话	讨价还价	询问具体信息

2. 保持高度自信

销售人员要充满自信，自己首先要相信这个产品适合客户，这样说出的话和做出的行为才能感染客户，使其更加信任。如果只是在语言上使用推定承诺法，行为、表情、姿态上缺乏自信，就容易引起客户的怀疑，以致于很难促成客户下单。

销售技巧

推定承诺法是用来帮助客户做决定的，所以一定要把握住一个“快”字。一方面，语言要快，让客户的思维紧跟自己讲话的节奏，不要让客户有犹豫的时间；另一方面，签单要快，要时刻做好签单的准备，在所有可能的时间和地点，都要能马上拿出合同。

八、客户无法做出抉择——富兰克林成交法让你争取主动

美国著名的政治家、科学家本杰明·富兰克林在平时的工作生活中养成了这样一个习惯：他在做一件事情之前总会取出一张纸，拿笔在上面画一条线，左边写上做这件事的好处，右边写上做这件事的坏处。这就是富兰克林成交法，又称理性成交法。

做每一个购买决策时，富兰克林通常会在内心做一个比较，到底是购买这个产品所带来的好处多，还是造成的痛苦或损失多，以此来衡量是否购买这种产品。但是，考虑过程过于复杂，往往无法迅速做出抉择。

遇到此类客户，我们可以这样建议：“我知道这对您来说是一个很困难的决定，以往的经验告诉我们，不小心做了错误的决定，以后一定会有很多痛苦。我也不愿看到这样的事情发生。如果一种产品带来的好处多于它带来的坏处，

那就应该购买；如果坏处实在太多，那就应该放弃。因此，我们要想清楚买这种产品有哪些好处和坏处。”

然后，我们就可以在一张纸上画上一条竖线，在左边写上产品给客户带来的好处，在右边写上给客户带来的坏处。一般情况下，客户由于时间和信息有限，不太可能想出太多产品带给他的坏处，这对我们来说更为有利。当我们把产品带给客户的诸多好处与少量的坏处列举出来后，客户就能直观地感受到两者的对比。这时我们就可以对客户说：“看过这张表，相信您能做出对您有利的决定。”

案例 49　保险销售人员用一支笔和一张纸做载体，顺利说服客户签订保单

冉越是一名保险销售人员，她遇到了一位对保险非常抵触，认为保险没有什么价值的客户。

冉越说：“刘先生，美国人都把富兰克林看成是最聪明的人。他在遇到问题而犹豫不决时，就会拿出一张纸，在中间画一道竖线，将优点和缺点全都列出来，分析得失。我们也这样分析一下吧！”

说完后，冉越拿出了一张纸，一边询问客户，一边将这张表写好，然后将表拿给客户看。

优点	缺点
1. 如果保额够高，可以立刻解除疾病对生命安全的潜在威胁； 2. 抵御未知风险的能力大大增加； 3. 立刻拥有高额专项医疗储备金； 4. 家庭财务上潜在的财务压力大大减轻，不用准备大量应对突发事件的资金	1. 每年要定期存入一笔钱； 2. 相对于其他投资，收益较少

客户看完后，冉越说：“刘先生，看来您已经做出决定了。”她边说边拿出保单，询问客户：“您的名字怎么写呢？”

就这样，冉越顺利地说服客户签了保单。

这种说服方法看似烦琐，但对那些犹豫不决，需要我们帮助做决定的客户来说，是打动其内心的有效手段。这种方法比较适合理智分析型客户，因为富兰克林成交法满足了他们强调理性的心理。

富兰克林成交法的优势在于能给客户留下以下两种印象。

1. 真实

我们在与客户交谈时，可以当面列出产品的优缺点，让客户参与进来，这样客户就能感受到对比的真实和有效。我们现场询问客户或直接让客户填写缺点，会让其感受到我们只是在帮助他客观地将结果写出来。如果是提前准备好的资料，从包里拿出来给客户看，客户就会觉得我们是提前拟订的优点，并不一定真实，不一定符合其需求。

2. 直观

图表对比看起来更直观，如果将这些优缺点装到客户的大脑中让其想象，客户就可能产生情感上的偏差，无意中忽略或者弱化某些优点，放大某些缺点。因此，最好的办法就是将产品的优缺点都写下来，然后左右对比一下。这种视觉上的对比差异能够在第一时间冲击客户的心理，使其快速认可产品的优点，从而说服自己的内心，迅速做出决定。

销售技巧

使用富兰克林成交法的前提是掌握时机，一定要说服客户愿意配合，然后引导客户逐步做出成交的决定。如果客户不愿配合，我们执意采取富兰克林成交法，会使场面失控，不利于双方的交谈，更不利于产品的销售。

九、太直接的销售没有效果——用暗示来做引导

直接向客户销售产品，客户的态度大多是抵触、冷漠的，这时我们可能会手足无措，无法应对，让销售处于尴尬的局面。其实，当面对客户的冷漠和犹豫时，停下“咄咄逼人”的直接销售，转而运用暗示效应，可能会获得不错的效果。

暗示效应是指在无对抗的条件下，用含蓄、抽象的间接方法对人们的心理和行为产生影响，从而诱导人们按照一定的方式去行动，使其思想、行为与暗

示者期望的目标相吻合。

巴普洛夫曾说过："暗示是人类最简化、最典型的条件反射。"生活在社会中的每一个人都伴随着暗示，或暗示别人，或接受别人的暗示，或自我暗示。因此，在销售活动中，我们要非常熟练地使用暗示的方式来影响客户的心理，这样不会让客户察觉到我们正在影响他，反而会觉得是自己的意愿，而不是我们在向他推销。

只要我们暗示的方法得当，便能够引导客户的思维，不经意间在客户的心中产生影响力，在其潜意识中留下印记，从而使销售朝着我们期望的方向发展。

案例 50　销售人员帮助客户畅想未来，用暗示的方式说服客户购买房屋

李思在一家房产中介从事二手房销售工作，有一次她带客户去看房。客户是一家三口，夫妻俩有一个五六岁的孩子。这套房子的价格和周边环境都很合适，但客户觉得买房这种大事需要多考虑考虑，因此总是犹豫不决。

李思对客户说："你们一家三口住在这里真合适，这间卧室可以夫妻俩住，另一间卧室留给孩子住。备用卧室可以改成书房，没事看看书多好……"

"这个阳台空间这么大，你们可以在阳台上种花、养鱼……"

正说着，李思看到客户的孩子在复式楼梯那里滑来滑去，便对客户说："您看孩子在这里玩得多开心啊，你们可以在这儿装个滑梯让孩子玩，多有趣……"

客户在李思的不断暗示下，对这套房子的好感度越来越大，最后终于下定决心购买。

李思通过语言暗示引导客户想象住在房子里的感觉，使其在潜意识里认为自己会住在这里，从而使其下定购买的决心。

暗示一般可以分为以下几种。

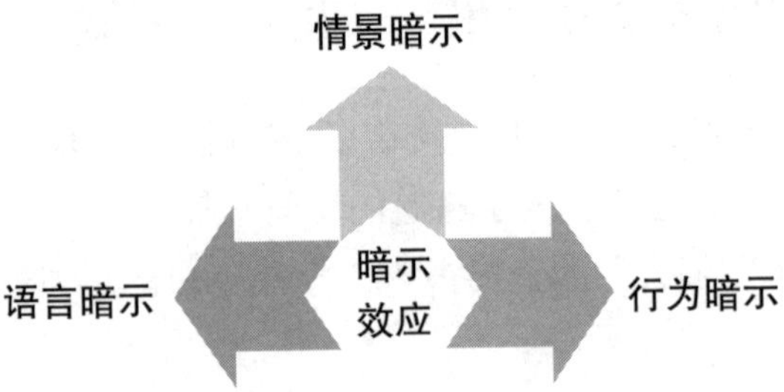

1. 语言暗示

广告的作用就是基于语言的暗示，不断重复的语言会让人们忘掉语言本身的出处，只记得内容，并对内容产生信任。脑白金的广告宣传就是利用暗示效应。

在具体的销售环境中，我们可以采用一些比较有暗示性的话语来与客户进行交流，比如“当您使用它的时候……”“我们来……”“您一定……”

2. 情境暗示

营造一个好的暗示情境是非常重要的，我们要激起客户在此情境中相应的情感。比如，在婚纱、钻戒等产品的销售活动中，利用海报、灯光、摆饰等道具营造一种让人沉浸于美好爱情的情境。

3. 行为暗示

行为暗示中最重要的是让客户亲身体验，比如利用试用活动，不断增强客户的体验感，使其产生一种自己已经拥有该产品的错觉。

销售技巧

反暗示效应是一种与暗示效应相反的现象。当我们过分强调某种产品，过分暗示某种情境时，就会激起客户心中潜意识的抗拒感，甚至起到与自己期望相反的效果。因此，我们需要不断观察客户的反应，把握好暗示的尺度。

十、说出的话缺乏说服力——用数据说话

数据不只是科学家或社会学家的研究工具，还是和我们每个人都息息相关的事物。

有些销售人员经常苦恼于无法说服客户：自己已经清晰、准确地将所有的信息都表达出来了，可客户看上去仍然没有安全感。

面对客户的质疑，我们可以用精确的数据来验证产品的优势，增强客户对产品的信任度。数据可以使我们的讲述更生动、形象，具体、清晰，更好地反映产品的某些特点或本质，便于客户理解，提高准确性，增强说服力。

与模糊的讲述相比，量化指标更直观、更真实，便于客户衡量利弊得失，通过计算得出结论，减少争论和疑虑。

案例51 运用计算器赢得客户信任，销售人员成功销售光伏发电系统

周同是一家新能源公司的销售人员，主要销售光伏发电系统。有一次，周同向一位客户介绍公司的光伏发电系统，他向客户讲述了很多这方面的知识，从环保到遮阳降温，几乎把所有的优势都说了，但客户还是犹豫不决。

于是，周同对客户说："您要是还不放心，我们可以计算一下您的投入产出比。"他从包里拿出计算器，在客户面前边计算边说："首先，您这里的面积大概可以建造5kW的发电系统，5kW居民光伏发电站的总投资约为5万元，这其中包括项目设计、设备、安装、调试、两年免费维护。而且就算过了维护期也只需要花很少的费用就可以保证正常使用。"

"其次，本地区1kW光伏电站年均发电量普遍在1 000~1 250度，5kW的发电量大概在5 500度左右。白天光伏发电大部分供整栋楼用电，只有少部分多余电量反向输入电网（上网卖电）。自用比例大概为70%，上网为30%。国家对光伏发电有0.42元/度的补贴。本地的电价为0.717元/度，上网电价为0.473 5元/度。"

"这样算下来，您的收益为0.7×0.717+0.473 5×0.3+0.42=1.063 95元/度，1年的收益约为1.063 95×5 500=5 851.725元。整个投资大概需要45 000/5 851.725≈7.69年，就可以完全收回。"

"我们的太阳能电池板为工业级产品，设计寿命约为30年，实际使用25年是没问题的，而且维护成本很低，相对于收益可忽略不计。投资收益约为(25－7.69)×5 851.725=101 293.36元，投资回报率为225%。维护得当，光伏电站使用寿命延长至30年，那么另外5年收益也很可观，将近3万元。"

列完数据后，周同问客户："您觉得呢？"客户看着数据思考了很久，最后终于决定购买周同的光伏发电系统。

数据是最好的证据，它具有其他方式无法展现出来的准确性和客观性。对数字比较敏感的客户，更适合用数据分析的方式来进行说服。

在使用数据说服客户时，要注意以下三个方面。

1. 保证真实

我们使用数据的目的就是引起客户的重视，获得其信任，如果数据本身不够真实和准确，就会失去原本的意义。一旦客户发现这些数据是虚假或错误的，他们就会认为自己受到了欺骗和愚弄。这种印象一旦形成，很快就会给销售人员及其所代表的企业带来极为恶劣的影响。

另外，要想使自己列出的数据给客户留下更为深刻的良好印象，可以借助那些影响力较大的人物或事件来加以说明，由此增加客户对产品的信任度和重视程度。例如，“我们公司向××（知名建筑）提供了 5 万吨的钢材。”“本产品经过××协会的严格认证，在经过了连续 8 个月的调查之后，××协会认定我们公司的产品完全符合国家标准。”

2. 巧用修饰

谈生意不是写论文，罗列一大堆数据会让客户感到枯燥乏味，难以接受。在使用数据时，我们要根据客户的反应及时调整自己的语言风格，当客户沉浸其中时多罗列数据，客户出现不满时适当地使用一些修辞手法来活跃气氛。

3. 及时更新

随着时间的推移和环境的变化，各种数据也会有所变化，我们应该把最新、最准确的数据展示给客户。如果拿着两年前的数据试图说服客户，客户就会质疑我们的专业性。

销售技巧

运用数据说服客户需要把握时机，一般来说，当客户对产品有所了解，但还没有下定决心时适合用数据说服。如果刚接触客户就给其罗列一大堆数据，把客户说得云里雾里，可能会适得其反。

十一、“第三者”说话更可信——借外力助力销售

巧妙地运用“第三者”的话语能为自己的产品口碑提供最好的例证，因为在客户看来，“第三者”的话语远比销售人员的话语可靠得多。在销售活动中，

销售人员与客户的关系总是处于一种对立的状态，客户对销售人员有很强的防备心理。而“第三者”会给客户带来安全感，因为他代表了外界，采取的是种中立的态度。

案例 52 借助学生卖自己的产品，业务员吸引超市老板主动成为其经销商

严晴在一家公司做业务员，负责销售学生视力保护器。该产品价格不高，每台 40 元，可在纠正、保护视力的同时给学生提供多种学习上的方便。

在连续被三家超市拒绝后，严晴决定不再进行这种无效的拜访，应该先以学校附近客流量大的超市作为突破口，然后以此为支点向外辐射。

通过仔细调查，严晴从一所重点小学中挑出一个班，向班主任提出给成绩前三名的同学每人免费赠送一个学生视力保护器。老师看了严晴带去的相关资料和样品后很快就同意了。

然后，严晴走进学校对面的超市，以给孩子买文具为由与老板攀谈起来。严晴把带来的几个学生视力保护器放在柜台上，告诉老板这是对面实验小学的家长订购的，因为挨家送太麻烦，所以希望可以先放在他这儿，一会儿就通知学生来拿。老板同意后，严晴便将写有学生班级及姓名的卡片交给他。

在交谈中，严晴表明自己正在为这种产品选择有实力和良好信誉的经销商。老板很认真地听，并不时地发问。严晴告诉他，现在的学生近视率太高，已经成为一些家长最为头痛的问题，目前电视上在做广告的一些治疗仪，价格都在几千元一台，这么贵的产品有几个家长能给孩子购买呢？况且，保护视力比矫正视力要更为重要，不能等眼睛真的近视以后再着急。而这种产品就是用来保护视力的，而且轻便小巧、外形美观经济实用，所以卖得非常好。

初步目的已经达到，严晴便准备离开，临走时向老板要了一张名片，同时也留下了自己的名片，那份制作精美的产品宣传画也被自己“无意”间忘在了柜台上。

两天后，学生陆续从这家店里拿走了赠品。随后几天，很多学生又来到这家店里询问哪里还有卖的。终于，这家超市老板主动和严晴联系了，要求经销

该产品。

严晴借助学生宣传自己的产品，然后让超市老板认为自己的产品很有市场，从而打开了销路。借助外力销售产品的效果可见一斑。那么，借助外力销售产品要想达到目的，需要符合哪些条件呢？

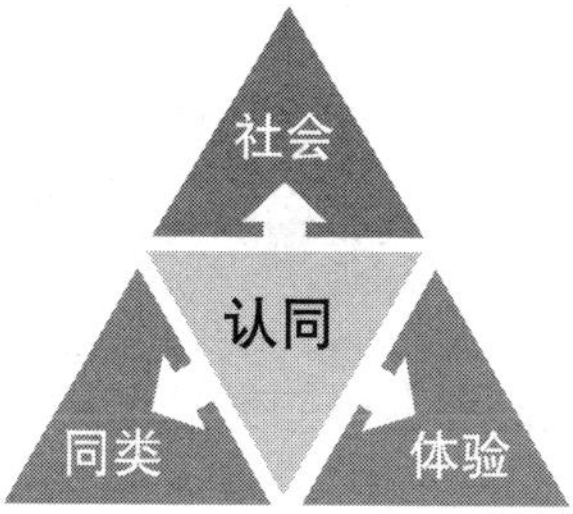

1. 社会认同

人们都需要社会认同，如果我们告诉客户某款产品被许多人选择，这些“第三者”的行为就会对客户的心理和行为产生影响。比如，我们说某款产品已经收到很多订单，客户往往会形成一种“很多人都购买了，那我也应该购买”的心理。电视广告、名人效应、权威效应等都是增强产品社会认同的方式。

2. 同类认同

要想让“第三者”的话语影响客户，就要选择那些与客户属于相同类型、相同阶层的“第三者”。如果“第三者”与客户差别很大，就无法激起他们的认同感。一般来说，在与客户沟通时，我们可以从中得知其职业，然后根据其身份特征来选择合适的“第三者”。比如，在向某职场白领女性销售一款化妆品时，可以用自然的语气说出其他白领做出的购买行为，这样会更容易使客户接受。

3. 体验认同

收集老客户的一些产品使用评价，借老客户来影响新客户的购买行为。不过，每个人的情况不同，老客户的评价可能有自己的偏好，未必符合新客户的需求，所以要有选择地展示老客户的评价。

销售技巧

借外力助销售，如同四两拨千斤，使用的不是蛮力，而是巧力。最重要的不是要通过多庞大的“第三者”来证明，而是要通过最合适的“第三者”来证明。抓住客户的关注重点，推测容易影响客户的关键所在，这样才能取得成功。

十二、产品有弱点——弱点可能也是卖点

“祸兮福之所倚，福兮祸之所伏。”在销售活动中也是如此，优点不一定会带来利益，弱点也不一定总是劣势。只要宣传得当，也能将缺点变成优点，将弱点变成卖点。

有虫眼的蔬菜代表了绿色健康，个头小的水果自然无公害，这些都是将弱点变为卖点的成功例子。事实上，所谓的弱点，可能只是人们过于关注它的某一方面，而忽略了它的另一方面。

作为一名销售人员，我们需要考虑如何把产品的弱点变成卖点。

案例 53　农夫果园突出“喝前摇一摇”，将沉淀物的“弱点”变成卖点

很多果汁饮料都有一个无法避免的特点：产生沉淀。消费者会心存疑虑，认为这是果汁不新鲜、不健康，果汁存放时间太长，口味肯定已经不新鲜。大部分公司为了消除消费者的疑虑，会在包装上用小字提示：“饮料中如有沉淀，其为果肉，请放心饮用。”

农夫果园却另辟蹊径，直接把这一“缺点”突出，并作为宣传口号，在瓶身中醒目地印着“喝前摇一摇”。“摇一摇”会让人联想到，饮料中是真真正正的果汁，正是因为果汁含量高，所以通过“摇一摇”能够将沉淀物摇匀。这一句广告语突出了产品具有真材实料的特色。

这就是将弱点变成卖点，吸引消费者眼球的典型。后来，“果粒橙”在产品名称上直接突出沉淀物，让人感觉“更加有料”，再次证实将弱点转化成卖点的可行性。

案例 54　又小又丑的“甲壳虫”靠一则广告翻身，成功占领美国市场

20 世纪中期，德国大众福斯金龟车进入美国市场，因其小巧的外形极像甲壳虫，也被称为“甲壳虫”。虽然造型新颖，但“甲壳虫”的市场前景却非常不妙，因为当时美国流行既大又长的流线型豪华轿车。“甲壳虫”的出现无疑有些格格不入，因此陷

入无人问津的不利境地。

万般无奈的“甲壳虫”公司老板费迪南德·波尔舍找到了销售专家伯恩巴克，请求他为公司出谋划策。伯恩巴克在短短的几天内就做出了宣传计划，他提出：既然小是“甲壳虫”致命的弱点，何不就把这个弱点变成“甲壳虫”的卖点呢？

没过多久，一则“甲壳虫”广告在美国的各大媒体亮相，它用近乎自嘲的口吻将“甲壳虫”又小又丑的劣势暴露在公众面前，最后是这样一句简短的话：“想想小的好处：停车容易，保险费用低，维修成本少……”

这则另类的广告立即吸引了人们的眼球，激发了大家的共鸣。于是，“甲壳虫”很快便被美国人认识，并逐渐占领了美国市场，成为长盛不衰的车型。

有时我们没必要过分掩盖事物的弱点，因为它可能恰恰是可以转化为优点的关键。在这个世界上，本就没有绝对的弱点，在某个方面显示出的弱势，也许正是另一个方面潜在的优势。重新审视产品的弱点，把它们当作特点来看待，寻找其价值所在，或许能为销售带来意想不到的好处。

但是，“把弱点当特点，用特点做卖点”并不是生搬硬套，自作聪明地随意说出产品的弱点，其关键在于学会观察客户的真实需求，将客户的真实需求与产品的弱点结合起来，把弱点转化成让客户认可的卖点。

销售技巧

将弱点变成卖点，追求的是一种差异化，首先要具备的就是创新意识。我们要将天马行空的想法和脚踏实地的现实结合到一起，才能想出无与伦比的创意来吸引客户。

第六章

学会提问，挖出客户“说不出来”的需求

销售策略

《学习的革命》一书中有这样一句话：“唯一愚蠢的问题是你不会问问题。”选对池塘钓大鱼，问对问题赢订单。要想获得客户的订单，就要学会通过提问来探询客户的真实需求，找准要点再发力，才能事半功倍。

一、客户的心思很难猜——用问题找出客户的需求

为什么医生在治病之前会问病人许多问题，比如：您什么时候开始感到胸闷、疼痛？发病时您正在做什么？有没有吃什么东西？您这个地方痛吗？……只有通过这些提问，根据回答医生才能更快地了解病人的真正病因，从而对症下药。

优秀的销售人员也应该像医生一样，通过提问来探询客户的真实需求，适时地引导客户，及时满足其需求，这样才能最终完成交易。

客户由于某些原因，并不会直接表达自己的真实想法。优秀的销售人员能通过提问挖掘出客户真正的关注点，从而顺利地解决客户的疑惑。

过早地销售产品，不但无法准确地解决客户的问题，还有可能使其产生反感。客户一表现出某些想法，销售人员马上进入问题解决模式，这往往是比较简单的。但是，这些问题可能只是表面现象，表面之下可能潜藏着客户真正的需求“冰山”。

解决问题的前提是找到问题，并找到客户的真正需求，才能提出击中客户内心的问题。

案例 55　与前来询问的客户交谈，销售人员陈述与提问的结果大不一样

梁松和许穆同是一家设备经销公司的销售人员。一天，一位客户向他们询问产品情况。

客户问梁松：“你们的产品怎么样？”

梁松说：“您放心，我们的产品绝对是一流的。我们公司多次被评为客户信得过企业，产品质量通过了 ISO 9000 认证，服务宗旨是客户至上。”

“是吗？假如产品出现质量问题怎么办？”

梁松信心满满地说：“您尽管放心，我们的服务承诺是一天之内无条件退货，一周之内无条件换货，一月之内无偿保修。”

客户还是疑虑重重，问道："是吗？"

"那当然，我们的售后服务是一流的，您放心吧！"

客户想了一下说："那好吧，我知道了，我考虑考虑再说吧。谢谢你，再见！"

看到客户想要离开，许穆赶紧上前询问："先生，我们很理解您对产品质量的关心，请问您对产品质量的担心具体指的是哪些方面呢？"

客户说："是这样，我以前买过类似的产品，但用了一段时间后就开始漏油，后来拿到厂家维修，修好后过了一个月又漏油，再去修时对方就要收 500 元修理费。我没办法，也理论不过他们。不知道你们的产品是否存在这方面的问题？"

许穆耐心地听完客户的话，再次询问："先生，除了这个问题以外，还有其他问题吗？"

"没有了，主要就是这个问题。"

许穆点点头说："好的，我明白您为何对这方面这么关心了，确实也有其他客户关心过同样的问题。我们公司的产品采用的是意大利 AA 级标准的加强型油路设计，这种设计具有极好的密封性，即使在正负温差 50 度的环境中，或者润滑系统失灵 20 小时的情况下也不会出现油路损坏的情况，所以漏油的概率极低。当然，任何事情都有万一，如果真的出现了漏油的情况，您也不用担心，我们郑重承诺从您购买之日起 1 年之内免费保修，同时提供 24 小时上门维修的服务。您觉得怎么样？"

听了许穆的解释，客户说："这样我就放心了。"于是，客户在他们这里下了订单。

梁松在与客户交谈过程中只是忙于应付客户提出的问题，而不是主动发问，这样就把主动权拱手让给了客户，使自己无法了解客户的真实需求，产品介绍也就没有针对性，令自己陷入被动局面。

许穆在客户提出问题后，并没有忙着为自己的产品和服务做辩解，而是询问客户之所以问这个问题的原因，以及是否还有其他问题，通过主动提问摸清客户的真实需求及所担心的问题后，再有针对性地予以解决，使客户放心地下了订单。

那么，向客户提问时要做到哪几个方面呢？

1. 引导客户

很多销售人员在销售过程中总是感觉很被动，主要是因为他们总是在回答，而客户一直在提问，他们时刻都在应对客户，而不是引导客户。

如果我们不知道客户真正关心的是什么，问题在哪里，就会被客户牵着鼻子走，又怎么能明确客户的心思呢？客户期望的是我们可以在专业方面给出建议，就像医生对病情进行诊断一样，而诊断的最好方式就是提问。

2. 测试反应

我们在向客户表述完以后，肯定希望获得客户的反馈。

但我们在说完一大堆内容以后，如果没有下文，客户通常的反应只会是“好，我知道了，改天再聊吧”或“我考虑一下再说”等，这种反馈毫无效果，无法反映出我们的话是否起到了作用。

如果能在陈述完以后紧接着提问“您觉得怎么样呢？”或“关于这一点，您清楚了吗？”，客户大多会阐述其想法或说出其疑虑，这就是一种真实的反馈，对于我们掌握客户的真实需求有重要的补充作用。

3. 掌控进程

在销售活动的每个阶段，提问都推动着销售的进程。

开场阶段	以好奇性提问开头，例如，“我可以请教您一个问题吗？”“您遇到什么问题了吗？”等。
确认阶段	专业询问确定具体细节，例如，“您是需要大型的服务器还是小型的办公计算机设备？”
陈述阶段	确认反馈，增强说服力，例如，“您觉得怎么样呢？”
成交阶段	假设性提问试探客户，例如，“如果没有其他问题的话，您看什么时候可以签订合同呢？”提问之后要注意停顿，保持沉默，把压力抛给客户，直到客户说出自己真实的想法。

4. 巧妙化解

如果我们不善于提问，而是一味地陈述，只会使自己一直处于被动地位。当客户提出一个问题时，可以尝试反问他：“您这个问题提得很好，您为什么会产生这样的疑问呢？”这样就可以“反守为攻”，摆脱被动局面。

销售技巧

提问代表着主动权。如果我们不主动提问，客户可能会闭口不提其需求，反而不停地询问我们，我们只能疲于应对。因此，我们应该掌握主动权，主动向客户提问，使其说出自己的真实需求，从而有针对性地为其提供解决方案。

二、难以摸清客户兴趣——提问要讨巧

提问是一门艺术。提问的方法不同，效果也会不同。同样的话，高明的问法会使人心中喜悦，从而主动提供更多重要的信息；而不恰当的问法只会招人厌恶，无法获得有价值的回答。

缺乏有效提问的能力是很多销售人员错失良机的原因。在与客户谈话时，把时间浪费在无用的问答上，既无法找到客户的需求，也不能表达出自己的想法，白白浪费双方的时间和精力，即使勉强成功，也会在具体操作中给自己带来很多麻烦。因此，一个优秀的销售人员必须善于提问。

大多数公司在培训销售人员时，强调比较多是销售人员的说话能力，而非提问能力。这就使销售人员形成了一种惯性思维，总是不自觉地去陈述，就算偶尔有一两次提问也显得生硬、无趣。

案例56 招聘网站的咨询人员通过提问获得客户需求，逐步激发客户兴趣

方海峰是一家招聘网站的咨询人员，一位客户向他询问招聘事宜。

方海峰问：“请问有什么可以帮助您的？”

客户说：“我看过你们公司的网站，了解到你们是一个专业人才网站，我想咨询一下在你们网站如何招聘。”

听到客户的询问，方海峰并没有直接去介绍自己的网站，而是说：“谢谢您对我们网站的关注，请问怎么称呼您？”

“我姓李。”

方海峰接着说：“李先生，您好！我有几个问题想请教您一下，可能要占用您几分钟时间，可以吗？”

客户点点头，说：“没问题，你说吧。”

方海峰问：“请问贵公司主要从事哪方面的业务呢？”

客户说：“我们主要是做房地产。”

方海峰说：“房地产是个很不错的行业，那请问贵公司平时都是通过哪些途径招聘呢？”

客户说道：“一般在人才市场现场招聘。”

方海峰接着问：“那最近需要招聘什么岗位的人才呢？”

“销售人员的岗位多一些，这次还需要招聘10名经验丰富的地产策划。”

听了客户的话，方海峰说：“招聘这些岗位的人才，尤其是地产策划人才，在现场招聘是很难招到的，除非是专场招聘会。”

“是的，所以我今天想了解一下网站招聘。”

“如果招不到需要的人才，会给贵公司带来怎样的影响呢？”

客户想了一下说：“最直接的影响就是某些项目不能顺利开展，或者工作效率会降低。而且招聘本身也需要时间，参加现场招聘，花时间是小事，就怕招不到合适的人。”

方海峰说：“现场招聘会虽然人气旺，求职者多，但事实上有些岗位在那里很难招到合适的人，比如贵公司需要的地产策划人才。”

“是的，所以我考虑换一种方式招聘，不知道你们这个网站怎么样？”

“选择网站招聘的确是个好主意，方便、快捷，也不耽误时间。请问，您选择人才网站的话，最看重的是哪方面呢？”

客户：“当然是网站的人气和招聘效果了，还有就是服务。”

方海峰：“是啊，网站人气和招聘效果是基本要求，否则客户怎么能满意呢？说到服务，我觉得我们最近推出的特色服务一定会让您感兴趣的。”

客户：“是吗？什么特色服务？”

…………

销售就是一场销售人员与客户的博弈，谁能掌握主动权，引导对方，谁就能成功。那么，我们如何进行有效的提问呢？

1. 确定目标

在与客户谈话之前，首先要明确这次谈话的目标是什么。如果没有给自己设定一个明确的目标，就无法提出足够有效的问题来引导客户。

提问不是在谈话开始后才进行的，而要提前准备。如果与客户谈话时才思考提问的内容，很有可能会降低提问的质量，甚至使客户的回答偏离谈话目标。

2. 管控自身

我们要学会控制自己的表达冲动，必要时可以提前模拟，分析自己的表述与客户的表述在整个谈话时间中所占的比例，尽量让自己的表述少于客户的表述。

同时，我们也要学会管控自身的情绪，在客户的回答与自己的期望不符时，应尽力忍住辩解的冲动，应去询问客户做出这种回答的原因。

3. 精确、具体

有效的提问要符合简洁的原则，不能在提问时说个没完。简洁的要求主要体现在精确和具体两个方面。

提问要精确、具体

精确：提问要准确、精练，能用一个问题表述清楚的就不要多次询问，尽量在最短的时间内解决问题

具体：提问要具体，不能太过于宽泛，否则会让客户无所适从，自己也无法从客户的回答中获取有效的信息

销售技巧

销售未能达成交易的原因，很大一部分来自于无效的提问。有效的提问可以让客户的大脑运转起来，思考一些自己尚未注意的事情，这才是通过提问获取有效信息的关键。

三、客户对产品不上心——用提问激发客户的兴趣

每个人都有好奇心，都有满足自己求知欲的冲动，尤其是遇到自己感兴趣的话题时，这种冲动更是无法抑制。

问题比答案更容易引起人们的兴趣，但很多销售人员养成了一些懒散的坏习惯，遇事不动脑筋，不管接近什么客户，开口就是“生意好吗？”“最近忙吗？”，如此平淡、乏味的提问难以引起客户的兴趣。因此，在面对客户时，问一些客户最为关心的问题，才会获得很好的效果。

那么，我们在提问时要注意什么呢？

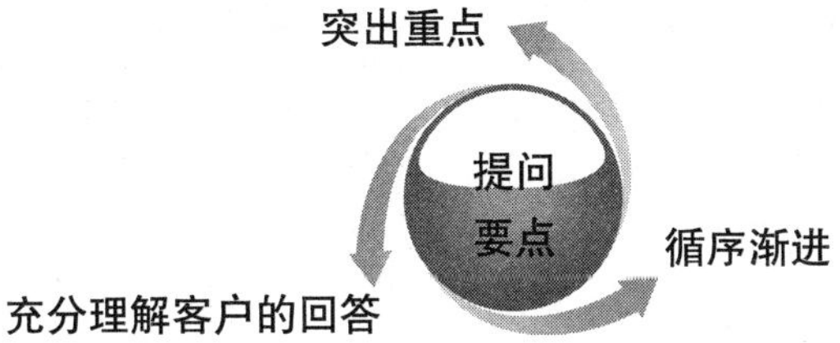

1. 突出重点

提问应突出重点。一般来说，需要把握两点：一是客户最担忧的，二是客户最需要的。

最担忧的就是客户最担心的问题，与客户利益紧密相关。我们可以通过提问使其意识到问题的严重性或解决问题的紧迫性。比如，“王总，目前您公司所在的服装厂区正面临严重的‘用工荒’问题，许多服装企业都无法保证完成企业每日的生产目标，正面临年度目标无法按时完成的问题，不知您是否也遇到了这种问题呢？”

最需要的就是客户目前有强烈需求的方面。比如，“李总，我了解到您公司车间的用电量每月上万元。如果有一种产品能使您公司生产车间的用电费用减少 30%，您是否有兴趣了解一下呢？”

2. 充分理解客户的回答

很多销售人员在客户回答问题后，并没有认真理解客户的话，而是立即进入解决问题的步骤中，希望能尽快为客户面临的问题提供解决方案，这种耐心不足的表现会让客户觉得我们急功近利，从而渐渐失去对我们的信任。

因此，我们要顾全大局，适当放慢节奏，在充分理解了客户所说的话以后，稳中求进，再为其提供合理的解决方案。

3. 循序渐进

有时要想获得客户的关键信息，需要提问诸多问题，这时切忌过于着急，可以先提一个问题，然后根据客户的反应再提出其他问题。比如，“王总，您认为目前的产品质量问题是由于什么原因造成的呢？”产品质量方面的问题往往会引起客户的重视，这样我们便能根据客户的回答，进一步提出更多与此有关的问题，让交谈更进一步。

案例 57 “利润提高 35%，您感兴趣吗？”一句提问快速吸引客户兴趣

陈浩是一家企业培训公司的销售人员，他打电话联系了一位互联网公司的经理。

“张总，您好！我是××培训公司的陈浩，上次咱们联系过的。”

客户说：“嗯，我想起来了，怎么了？”

陈浩说：“我们有一种能让企业利润提高 35%的方法，您感兴趣吗？”

“哦，什么方法？”

陈浩没有直接介绍产品，而是问客户：“贵公司今年的利润提升了多少？”

“20%。”

“嗯，确实稍微低了点儿，今年互联网行业的平均增幅为 27%，而经过我们培训服务的 20 多家公司今年的利润都提升了 35%以上。”

客户来了兴趣，问：“哦，这么有效？”

“是的，比如您附近的××科技公司经过我们的培训，今年的利润提升了 38%。前几天跟××科技公司的负责人聊天时，他还说打算把明年的目标定为 45%。您设定了明年的目标了吗？”

“今年是 5 000 万元，明年预计做到 6 000 万元。”

“张总，如果您也能像参加我们培训的企业一样平均利润提升 35%，那您明年的目标就不是 6 000 万元，而是 6 750 万元……”

陈浩的提问中带有“将企业利润提升 35%”的信息，引起了客户的兴趣，使客户愿意与他交谈下去。在交谈中他还提及其他企业，以此引起客户的危机感和信任感，使客户认为必须接受他的培训才不至于落后于其他公司。

销售技巧

我们要注意把握提问的时机。审时度势的提问不仅容易引起客户的注意，激发客户与我们交谈的兴趣，而且可以主导谈话的方向。因此，在提问时一定要根据具体的谈话地点、谈话时间、客户类型来把握时机。

四、客户的问题难以回答——提出反问，打开客户的话匣子

有时我们会遇到客户提出一些商业隐私问题，这时该如何回答呢？真实地告诉客户，会对自身的利益产生不利影响；编造谎言来搪塞客户，既不真诚，也不可取。

在这种情况下，我们可以巧妙地反问客户，转移其注意力，并打开客户的话匣子，弄清楚客户的真正意图，从而针对客户的具体要求来调整与客户沟通的方式，进而建立合作关系。

案例 58　销售人员巧用反问逆转形势，让客户无从探知自己的底牌

郑普是一家设备经销商的销售人员，在得知一家模具制造厂商需要新进一批设备后，立刻前去拜访客户。

客户对设备质量非常满意，但对签订合同还是显得犹豫不决。客户问道：“贵公司产品的进价是多少啊？”

郑普当然不能正面回答这种问题，于是他反问客户：“您会把自己公司产品的成本告诉别人吗？”

客户笑了笑说：“当然不会，我就是随便问问。不知道贵公司的进货渠道是哪里呢？”

郑普再次反问道：“当然和您一样从厂商那里进货，您的原料供应商是哪里的呢？”

客户说：“我们确实对贵公司的设备很感兴趣，但你的报价太高了，再便宜点儿，行吗？”

郑普说：“那您认为多少钱比较合理呢？您说说看，看我能接受不？”

客户自然不想过早地亮出自己的底牌，只好继续说：“我听说贵公司产品的售后服务不太完善，是这样吗？”

郑普没有直接去辩解，而是问：“您是从哪里听说的呢？您能具体指出是哪些方面吗？”

客户说：“我也是听说的，有人说贵公司的产品出问题后无法退货。”

郑普当然知道这件事，但并没有慌张，而是说：“您说的是××公司吧，他们是因为人为操作失误造成的问题，并不属于退货范围，这个您应该了解吧？我们已经派出了维修人员，可他们还是不接受，非要退货。我想您也不希望与

没有合约精神的公司合作吧？”

客户点点头，实在找不到还价的理由，再加上对设备确实很感兴趣，就与郑普签了合同。

针对客户的问题进行反问，既可以避免正面冲突，也可以了解客户对产品关注的方面，以及对产品价格的接受程度等。在上面这个案例中，客户屡次提出一些不便回答的问题，比如“进价”“进货渠道”等，郑普通过反问的方式，有效地把问题抛给了客户。客户还对售后提出了疑问，郑普并没有盲目承诺，而是用合理的问题引导客户说出其心中所想，然后分析问题，并用反问表明自己公司遵守合约精神，给客户留下诚信的印象。

但是，如果反问使用不当就会适得其反，丢失客户。当客户提出难以回答的问题时，不要立即反驳，而要先表示理解，把这个“球”接过来，但理解客户不是最终目的，必须回头再反问一句，把“球”踢回去，用反问取得主动权。

销售技巧

很多时候，客户提出难以回答的问题，并不是真的想得到有效回答，而是探求我们的一种态度。因此，我们除了运用反问技巧以外，还要在语气和神态上保持自信，不能在气势上输给客户。

五、销售要有针对性——委婉提问，获知客户的购买力

我们无法单纯地依据某个人的语言表达来判断其行为，因为付诸行动需要成本和精力，也需要一定的能力，如果只是嘴上说去做，而内心没有这种想法，或者有这种想法而没有这种能力，那么我们所期盼的行为就不会出现。

销售也是如此，我们要准确判断出客户的实际购买力，然后根据其心理价位来推荐合适的产品。如果推荐的产品超过客户的购买力，产品再好也不会成功。

客户的购买能力不是轻易就能判断出来的。我们最好不要直接询问客户需要什么价位的产品，而是通过侧面询问来了解客户的购买能力，比如，询问客户对品牌和质量有没有特殊的要求。如果客户对产品的品牌、质量、性能要求比较高，就给客户介绍中高价位的产品；如果客户要求一般，就给客户介绍中低价位的产品。

案例59 销售人员通过提问看透客户购买力，向其推荐了低价位热水器

苏婷是一家大型电器商场的销售人员，有一位顾客前来购买热水器。苏婷热情地上前接待。

苏婷问：“先生，您好！我们这里的热水器种类繁多，为了节省您的时间，我想问一下您对热水器的品牌和质量有什么特殊要求？”

顾客回答：“没有，安全就行。”

苏婷问：“您是买来自家用的吧？”

顾客说：“对，家里用。”

苏婷问：“请问您是选择电热水器，还是燃气热水器？”

顾客回答：“我想选一款经济、实用又安全的燃气热水器。”

苏婷说：“您说得对，安全性是选择燃气热水器的首要因素。您可以考虑一下××热水器，6升强排的才800多元。这款燃气热水器价格低、加热快、出水量大、温度稳定、故障率低，在消费者中拥有良好的口碑，而且是连续多年获得中国燃气热水器销量第一的老品牌了，绝对值得信赖。您觉得怎样？”

顾客听了苏婷的介绍，又看了看××热水器的样品，等到苏婷介绍完使用方法，便很爽快地购买了这台热水器。

苏婷通过询问客户想要购买产品的品牌、质量、使用场合以及产品类型，从侧面了解了顾客的购买力，然后根据顾客的购买力向其推荐了××型热水器，满足了客户的需求。

那么，影响客户购买力的因素有哪些呢？

1. 收入水平

收入是购买力的基础，客户只有资金充足才能支付足够的购买成本。我们可以从以下几个方面侧面了解客户的收入水平。

（1）看外表。虽然“人不可貌相”，但一般收入水平较高的人对外表是有讲究的。我们可以通过观察客户的外表，从其穿着、佩戴、衣服搭配来分辨其收入水平。

（2）看谈吐。收入水平高的人一般具有较高的专业水平，有良好的沟通能力，在为人处世的态度上也表现得不错。因此，我们可以从客户的谈吐来分辨其是否有较高的收入水平。

（3）看表情。收入水平高的人一般底气很足，可以从客户的表情、肢体动作来分辨其收入水平。

（4）看配饰。“细节决定成败。”当我们与客户交谈时，要时刻注意客户身上体现出的各种细节，从这些细节中分辨其收入水平。比如，我们可以观察客户的手表、配饰、眼镜、手提包等。

（5）看职业。在与客户交谈时，我们可以询问其工作、职位、居住区域等，也可以从侧面了解客户的收入水平。

2. 需求程度

正确识别客户的需求也很重要。需求程度是指客户所面临问题的困难程度，以及需要解决问题的紧迫程度。如果客户面临的问题非常小，自然没有多大的购买兴趣。只有当客户面临巨大问题时，才可能付出巨大成本去改变现状，解决问题。

因此，我们可以通过询问客户目前面临的问题来分析其需求程度，比如“您目前的设备运营情况如何？如果不更换会有多大影响？”“您与××公司虽然合作很多年了，但他们的产品出现这么大的质量问题，您仍然继续与之合作吗？”

销售技巧

销售活动是一种交易双方的双向选择，销售人员对客户的选择也是至关重要的，尤其是期限长、投入大的销售活动。为了更有效地完成自己的工作，我们可以通过判断客户的购买力，有针对性地选择继续维持或者放弃客户，从而提高自己的效率。

六、想对客户施加情感影响——运用 3W 法则

一般情况下，销售人员在与客户交谈时往往徘徊在客户的表面问题上，无法了解其内心，更谈不上对其施加情感影响。然而，当客户说出自己遇到的困难时，我们就有了用情感影响客户的机会。这时就要运用 3W 法则来引导客户。

3W 法则是一种能够深层次了解客户问题的询问方法。

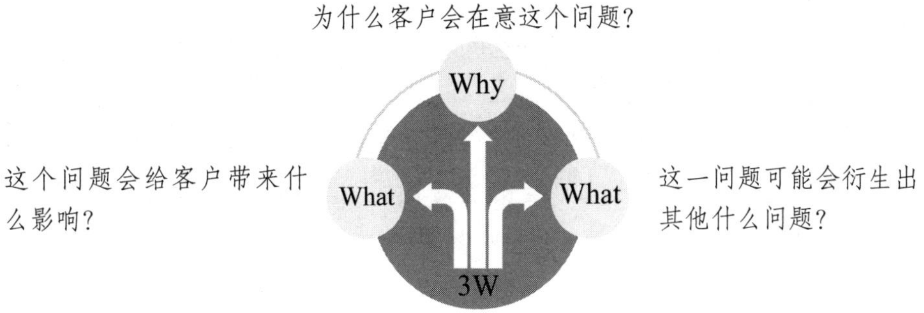

1. Why（为什么）

为什么客户会在意这个问题？

当客户提出问题时，我们可能会按照自己的经验和直觉来判断客户的需求。但我们的直觉和经验究竟有多大的准确性呢？比如，客户表示自己企业的耗电量非常大，这句话本身并没有给我们提供更多的信息，凭我们的直觉和经验无法解决实际的问题。

我们应该通过询问了解客户为什么会认为耗电量大：是因为电费在生产成本中所占比重过高？还是因为与同行业其他企业相比耗电量更大？还是因为与以前相比耗电量更大？

2. What（什么）

这个问题会给客户带来什么影响？

经济方面，这个问题给客户造成了多大的经济损失？通过这个问题可以了解客户公司愿意付出的经济成本。

生产方面，这个问题给客户的日常生产造成了多大损失？耗电量大对设备的损耗有多大？是否增加了设备的故障率？通过这些问题可以了解客户公司愿意为此做出多大的改变，包括生产程序和人员安排。

个人方面，这个问题给客户自身造成了什么影响？他是否因为无法解决这个问题而影响自己的职位？客户是否负责电力方面？通过这些问题可以了解客户愿意在解决这个问题上付出多大的努力，作为直接交谈对象，客户个人的想法有很大的影响。

了解客户的损失后，我们才能将自己的产品或服务变成解决问题的方案，避免陷入讨价还价的困境。

3. What（什么）

这一问题可能会衍生出其他什么问题？如果不解决发生的问题，可能会对未来造成什么不利的影响呢？

如果耗电量大的问题不解决，客户公司的运营成本不降低，是否会使产品的价格失去竞争力？是否会使员工的工资下降，进而引发离职潮？是否会因为利润的下降影响投资计划？

这一系列问题在于引导客户考虑更深层次的问题，也能使我们获知客户解决问题的紧迫性。

案例 60　销售人员用 3W 法则让客户说出面临的问题，成功销售 ERP

石磊是一家企业管理软件供应商的销售人员，他正在与一位意向客户谈话。

客户说：“我们公司的管理非常混乱，迫切需要一种解决方案。”

石磊没有直接推荐自己公司的产品，而是询问客户：“您认为自己的公司在管理上出现了什么问题呢？”

客户说：“我们公司的生产设备和薪酬待遇都是同行业中最好的，工作效率却非常低。”

石磊问：“这一问题给您造成了什么样的影响呢？”

客户说：“首先是时间成本，本来 10 个小时就能完成的工作必须花费 12 个小时，甚至更长时间；然后是出错率，采购部门不知道生产部门的需要，生产部门不知道销售部门的需要，销售部门又不知道公司计划的安排。大量的精力和资源浪费在了互相扯皮上。”

石磊问：“大概要在这上面浪费多少成本呢？”

客户说：“这很难说，不过我觉得大概有 30% 的生产能力被浪费，20%的生产原料被挥霍，30%的产品根本不符合市场需求。”

石磊问：“您认为如果不解决这个问题，会出现什么情况？”

客户斩钉截铁地说：“必须解决这个问题，否则只会越来越差。裁员和缩小生产规模无异于饮鸩止渴，治标不治本，最后还是会陷入困境。”

……

询问完客户后，石磊说：“我认为贵公司不用担心员工的工作能力和技术问题，问题出在管理系统和部门之间的沟通上，您说是吗？”

客户点点头，说：“我就是这么认为的。”

接着，石磊向客户推荐了自己公司的 ERP 软件，最终与其签订了一份 30 万元的销售合同。

3W 法则能帮助我们提出许多有价值的问题，进而认清客户面临的问题及其产生的影响。这种提问方式能让客户更加容易接受我们提出的问题，说出更多的真实想法。

销售技巧

运用 3W 法则的关键在于“慢”，也就是说一定要有耐心，缺乏耐心是无法将 3W 法则运用成功的。客户并不一定回答每一个问题，这就需要销售人员花一定的时间思考如何引导客户说出问题的关键。

第七章

察言观色，破解客户身体语言密码

销售策略

美国传播学家艾伯特·梅拉比安曾给出这样一个公式：信息的全部表达=7%语调+38%声音+55%肢体语言。事实上，在销售过程中，我们从客户的身体语言解读到的信息要远比从口头语言中获得的多。

一、“手语”有秘密——手部动作透露客户真实的心态

身体语言专家芭芭拉·亚斯在其著作《身体语言密码》中提到，大脑对身体的控制与身体部位距离其远近有关。大脑对那些距离其稍远的身体部位，比如手、脚、腿等部位的控制，远不如其对脸、脖子等部位的控制更有效。因此，当人们在大脑的支配下说谎时，声音和面部表情或许可以佯装得很到位，但手会不由自主地“出卖”其内心的秘密。

销售人员在与客户沟通时，不能只关注客户的口头语言，还要时刻注意其手部动作，准确地判断其是否在用语言搪塞以掩饰自己的真实意愿。

当内心藏有秘密时，人们总会感觉心虚，手部动作会非常不自然。比如，用手捂着嘴和下巴，用手摸耳朵和脖子，用手揉眼睛或搓鼻子，明明没有出汗却用手擦拭额头等。

案例61 销售人员没有看懂客户手部动作，听从客户的话以致失去订单

王众是一家保险公司的销售人员，他前往一位客户家里拜访。与客户简短寒暄过后，王众直入主题地说道：“最近我们公司新推出了一种保险，不知道您有没有兴趣了解一下。”

客户说：“你说说看，这种新的保险业务有什么优点？”

王众介绍道：“这种保险主要针对中年人的健康，您或者您的爱人、朋友只要投保，每年缴纳 2 000 元的保险费，从第三年开始便能每年分得 1 000 元的医疗金，10 年之后这笔钱就能全部返还。”

客户说：“这种保险听起来不错啊！”说完之后，客户摸了摸自己的鼻子。

王众没有看懂客户的手势，继续说道：“是啊，只要入了这种保险，以后的医疗费用将会大大减少。”

客户说：“我再考虑考虑，明天给你回电话吧。”

王众回去之后并未等到客户的电话，这一次销售以失败告终。

人在说谎时会比平时更努力地思考，这时往往会减少身体的动作，还会在说话过程中增加停顿的次数，降低眨眼的频率，但他们可能也会表现得与诚实人一样，直视对方的眼睛。

说谎者在做动作时，往往会用夸张的手势来掩饰内心的活动，比如，伸长胳膊或者使用节奏性的手势来强调某一点。

事实上，大多数有社交经验的人都接受过很多相关方面的培训，懂得运用一些方法来控制自己的手势，避免被对方识破内心的秘密。他们在说谎时往往比平时表现得更正常，但这种过于刻意的行为本身就泄露了自己的秘密。

及时地了解客户的真实心理，准确地探究背后的原因，这样才不至于丢失订单。但是，就算自己看穿了客户的心理秘密，也不要当面揭穿，否则会让客户下不来台，损害双方的关系，对销售不利。

销售技巧

根据手势来判断客户是否说谎时，如果不确定，可以采用主动刺激的办法来观察对方的反应。比如，再次提起相关问题，注意观察客户的手势，或者与其他问题的手势进行对比，一定不要主观臆断，以免误解客户的真实意图。

二、人靠衣装——一眼看穿客户的购买力

俗话说得好，“人靠衣装，佛靠金装”。人需要服饰来修饰，经过一番打扮后会变得更加漂亮，提升气质，增强自信。从另一个角度来看，服饰则从侧面反映出人们的一些实际情况，如经济能力、品位修养、兴趣爱好、思想观念等。

作为销售人员，我们虽然不能只认衣装不认人，看见衣着华丽的客户就努力巴结，遇到衣着朴素的客户就爱答不理，但可以通过客户的衣着来了解其基本情况，以便在销售过程中为客户提供合适的产品和服务，不至于弄巧成拙，损害客户的利益。

案例62 银行客户经理说了一句话，“没多少钱”的客户竟然豪掷百万

某银行网点举办了一场理财沙龙活动，目的是销售理财产品。在这次沙龙

中邀请到了十几位客户，其中有一位老客户。这位客户已经参加过多次这样的理财沙龙，而且每次都会购买理财产品。

听完沙龙讲座后，沙龙的主持者——银行客户经理谢瑞就与这位客户进行沟通。

客户说："这样的沙龙讲座我听了不下5次，对这款理财产品的特点已经很熟悉了。你就不用再给我多介绍了，直接说这次该买多少钱的就行了。"

谢瑞胸有成竹地说："100万元吧，像您这种身份的客户购买的份额至少在百万元以上。"

"好，那就买100万元！"这位客户竟然十分爽快地答应了，并立即到柜台购买，成为这个网点有史以来单笔金额最大的理财客户。

客户的这一举动令在场的银行员工都很吃惊，因为该客户已经多次来参加理财沙龙，但每次都只是购买5万元理财产品，为什么这次会突然购买100万元的理财产品呢？能一下子拿出100万元购买理财产品的人可不多，而且他在该银行的存款一直是二三十万元左右，哪来这么多钱来购买上百万元的理财产品呢？

事后，这个网点所在支行的行长登门拜访了这位客户，问他为什么这次会决定购买100万元的理财产品。

客户说："我每次听完沙龙讲座，问银行员工我该买多少，他们都告诉我说5万元吧，所以我以前都购买5万元；但这次客户经理告诉我说应该买100万元，那我就买了100万元。"

行长听了恍然大悟，原来以前自己的员工从来就没有人告诉过这位客户能买100万元。而在这次理财沙龙上，客户经理告诉他要买100万元，让客户觉得银行看重他，感觉他有足够的资金实力。这其中最为关键的是这位客户经理正确地识别了客户的需求，而且准确评估了客户的购买力。

后来，这位银行客户经理说，他之所以敢于开口让客户买100万元的理财产品，其实是经过深思熟虑的：这位客户每次都来参加理财沙龙，每次都会购买，说明他有购买力，而且对银行理财产品有较大的认同感。这位客户的衣着虽然看起来低调，但都是价值不菲的名牌，只是没有那么张扬。他还特地查了一下，客户手上那块手表价值10万元以上。后来他向周围的客户了解到，该客户是其他银行的贵宾客户，在其他银行有较多的存款，完全有能力购买上百万元的理财产品。

穿着是否华丽只能粗略地判断一个人的购买力，有的人虽然衣着华丽，却可能只是一身便宜货；有的人衣着高档，也可能只是“打肿脸充胖子”；有的人穿着虽然看似很普通，却是高档名品。销售人员应该学会仔细鉴别，否则可能会错失很多潜在的优质客户。

除了衣服外，鞋子也可以反映出一个人的购买力。那些服饰华丽而鞋子普通的人，一般经济实力可能不是很强，而衣着普通但鞋子高档的人却正好相反，经济实力应该不错。

除了服饰、鞋子以外，还可以从客户身上的一些小配饰发现其审美倾向和经济实力。佩戴真金、钻石、美玉的客户其经济实力自然是很强的，而佩戴一些精美佩饰的客户也是不容忽视的，他们的品位比较高，一般在消费上也会舍得投入。

总之，对客户的观察应该是全面的、仔细的，从整体及细节上来准确地判断客户的消费层次和购买能力，从而有针对性地实施销售策略，收到事半功倍的效果。

销售技巧

第一次接待客户时对所有客户都应该一视同仁，不能轻易通过客户的衣着等外在因素而区别对待。花更多的精力在购买意向较大的客户身上是应该的，但这种差异化接待是随着接触时间推移而有选择性地取舍的，不是一开始就通过外在因素来差异化对待。

三、客户走路有个性——巧眼观察，识破客户类型

每个人都有其独特的性格，其实人们在言语、行动上都传达着自己一系列的性格特点，甚至走路也都有其独特的性格体现。

不同走路姿态的人会潜在地显示其不同的性格特征，透露其不同的行事作风。比如，步伐急促的人往往精力充沛，敢于面对挑战，办事效率比较高。

从客户走路的姿势看出其性格特征并不难，只是这需要我们多留意观察，并在进一步的交流中加以验证。掌握了客户的性格特征，进而采取适当的销售策略，就能更有效地打动客户，完成交易。

案例63 房产销售人员接待走路健步如飞的客户，带其看房后很快成交

沈媛是某房地产公司的销售人员，一位客户打电话说要来看房子，于是他们约定好地点，沈媛就在售楼中心的大厅门口等待客户。

不一会儿，一位个子很高的中年男子向她走来。沈媛发现他走路健步如飞，看上去很干练的样子，觉得他肯定是个性子比较急的人，做事应该不会拖泥带水。

沈媛通过相互介绍得知，这位客户是某公司的部门经理，想买一套新房子。沈媛根据他的要求介绍了几套户型不同的房子，客户很快就选好一套并要求去看房。沈媛发现这位客户虽然办事雷厉风行，注重效率，但有些草率，沈媛有很多细节还没有讲清楚，他就急着看房子。

在带客户去看房子的路上，沈媛又仔细并友好地向客户交代了一些细节，使他不至于在以后出了问题而无法处理。客户听了她周到的提示，觉得沈媛靠得住，很快就定下来了。

沈媛问他："周先生，您不用再考虑一下了吗？"

客户回答说："你对客户这样认真、负责，我相信你！"

于是，这笔交易就这样很顺利地完成了。

一般来说，走路姿势分为以下几种。

走路姿势分类

1. 步伐平缓

这种客户走路时总是一副慢悠悠的样子，凡事讲求稳重，"三思而后行"，不好高骛远。这种客户一般很少感情用事，几乎不会冲动购买。

面对这种客户，我们要用真诚和产品的品质打动他们，只有让其觉得产品物超所值，他们才会决定购买。

2. 步伐急促

这种客户总觉得自己的时间不够用，每天走路都急匆匆的。这是典型的行动主义者，他们大多精力充沛，精明能干，敢于面对生活中的各种挑战，适应能力特别强，凡事讲究效率，从不拖泥带水。

在与这种客户沟通时，我们要迎合对方讲究效率的性格，将一些不必要的细枝末节直接略过，向客户展示最重要的部分即可。

3. 身体前倾

有的客户走路时习惯于身体向前倾斜，甚至看上去像弯着腰。这种客户的性格大多温和、内向，为人谦虚，尊重他人，一般有良好的素质修养。

与这种客户相处一般会让我们很愉快，销售过程也会很顺利。但这种客户也可能会让我们对其产生误解，因为当他们不想购买时，可能会出于礼貌，表现出友善的态度，被我们误解为购买信号。

4. 来回踱步

喜欢踱步的客户一般善于思考，他们会在踱步的过程中慎重考虑事情的利弊，但他人对踱步者的打扰可能使其思绪中断，使其无法做出合理的决定。因此，在遇到客户踱步时，最好不要去打扰他们，而应该等他们的脚步停下来以后再与其交谈。

5. 低头走路

走路总是低着头，拖着步子，把两只手插进口袋里，只顾埋头走路，不抬头看路。这种客户往往遇到了难以解决的问题，到了进退维谷的境地，情绪会比较低落，与他们沟通会很困难。

他们一般很少有沟通欲，对销售人员也会表现得很冷淡。因此，我们不能用急促的语言刺激他们，而是用比较舒缓、平静的语气与其交谈，对其进行心理安抚，慢慢调动其交谈的积极性。

6. 军人步伐

有的客户在走路时步伐有力，双手有规则地摆动。这种客户意志力较强，专注于自己的信念，选定目标后不会因外在环境和事物的变化而受影响，一旦盯上某个目标，就会不达目的誓不罢休。

我们不要质疑其观点，而要尽量满足这种客户的需求，使其觉得局势都在自己的掌控之中。

7. 昂首阔步

走路时昂首阔步的客户，往往以自我为中心，组织能力强，思维敏锐，但交际能力较差。

这种客户一般很少认真去看待别人，其他人似乎很难“入其法眼”。面对这种客户，我们应保持强大的自信来引起对方的重视。

销售技巧

比起语言和行为，走路姿势经常被客户忽略，所以这就成为销售人员分析客户的机会。客户的走路姿势反映的是其性格类型，我们要细心观察，推断其真实的性格特征，并以此为依据，有针对性地采取合理的应对策略。

四、笑容的秘密——揭面笑语，看透不同的笑

笑容能拉近人与人之间的距离，化解双方的矛盾，解除双方的隔阂。因此，很多人在社会交往中都会保持一副笑容。但笑容也有很多类型，笑容背后所要表达的含义也与笑容的表面不同。如果我们轻易地相信了对方的笑容，就可能被对方迷惑，陷入其设置好的陷阱之中。

为了解客户的心理，我们必须揭开客户的面具，看透客户的笑容。笑容分很多种，有微笑、大笑、嘲笑等，而每个不同的笑容背后又隐藏了不同的心理秘密。

微笑并不一定表示认同，如果对方紧闭双唇向我们微笑，一般是在表示温和的抗拒。如果不能准确地分析出客户笑容背后的真实含义，就会在无效客户身上浪费太多的时间和精力。

因此，我们在看到客户的笑容时，可以从以下三个方面进行观察。

1. 判断真假

要想知道客户的笑容是否真诚，可以观察他的眼睛周围。自然的笑容会让人的眼睛四周产生细纹，而在一张不真诚的笑脸上，细纹只会出现在嘴的四周。因为真诚发自内心的开心而露出的笑容不仅会使嘴角上扬，还会带动眼部周围肌肉的收缩，而敷衍或虚假的笑容只表现在双唇四周肌肉的收缩。

但是，在某些夸张的假笑中，眼睛周围同样会出现细纹，因为颧骨处的肌肉完全收缩可以导致眼轮匝肌收缩，看起来就像是真笑。不过，我们可以通过笑容的某些特征来区分假笑和真笑。当人们因为开心而面露笑容时，眉毛与眼睑之间的部分眼皮会向下移动，而眉尾也会随之微微下沉。

2. 分析性格

与其他部位的肌肉一样，脸部肌肉越使用就会越强健。脸部肌肉是否强健，可以从平常嘴角的状态看出来。

平常嘴角就上扬的人经常微笑，这种人的性格活泼开朗，很爱说话，个性直率，社交能力强。由于他们经常面带笑容，给人以热情的感觉，自然会吸引他人。

3. 具体分类

（1）抿嘴笑

抿嘴笑也称为浅笑，表现为笑时抿住嘴唇，下唇大多含在牙齿之中，多见于年轻女性害羞时。

客户露出这种笑容，表明客户说错了话，或者某个话题让他觉得不好意思而显示出来的一种害羞，此时客户可能对我们有好感，比较认同。

（2）开口大笑

客户开口大笑，表示其性格开朗，内心感到非常放松。不过，如果笑得不太自然，就有可能存在别的意图，比如故意显示自己很了不起，故意假装很豪爽。一般而言，这些人的内心有强烈的自卑与不安，想以大笑来掩饰。

客户自然的大笑是我们的销售过程比较顺利的表现，证明我们与客户相处很愉快，客户对我们没有戒备心理；如果客户笑得不自然，可能是在掩饰尴尬或者谎言。

案例 64 客户与销售人员交谈时爽朗大笑，销售人员轻松卖出健身器材

郑路升是一名健身器材销售人员，在一个晴朗的周末下午，他前往某小区推销健身器材。在他按响某户人家的门铃后，还未见到客户，就听到客户的爽朗笑声以及说话声：“谁呀？哈哈！应该是有贵客来了吧？”

客户打开门一看，发现是一个陌生人，但脸上还是洋溢着笑容，并未流露出任何惊讶的表情。郑路升做了自我介绍，客户微笑地招呼他坐在沙发上，端茶倒水，非常热情。

客户的身材很胖，正是一位潜在的客户。郑路升发现客户总是不停地笑，觉得他是个性格开朗、乐观的人，适当与他开个玩笑，拉近彼此的距离，应该不成问题。

于是郑路升说：“先生，都说‘宰相肚子里能撑船’，我看您的肚量就不小，看您这么爱笑，您的肚子里装的肯定都是高兴的事儿!”客户听完他的话，又哈哈大笑，指了指自己的肚子说道：“你真会说话，这里面都是些肥肉和脂肪，哈哈……”

郑路升认为这是个好机会，于是趁热打铁，向其介绍健身器材，在交谈中既夸赞顾客的性格爽朗，又清楚地说明了使用健身器材的各种好处。客户觉得和郑路升谈话很开心，再加上自己的身材确实很不好，应该多锻炼身体，于是非常爽快地购买了健身器材。

（3）苦笑

苦笑表现了客户无奈和痛苦的心理，一般出现在遇到难以解决的问题时。如果我们在与客户交谈时给他很大的压力，或者提出的条件很苛刻，使其难以做出决定，就会出现这种无奈的苦笑。

此时，我们不能再给客户施压，而应该真诚地提供解决方案，帮助客户找到两全其美的解决办法，解除其痛苦，从而获得客户的感激和信任。

（4）掩着嘴笑

这种笑容出现在发现他人犯了某些不应该犯的小错误，说出不合常理的话，或者做出比较怪异的动作时，难以抑制地偷笑。这种笑容一般没有恶意，也没有嘲讽的意思。如果我们的讲解显得比较肤浅，客户可能会掩嘴而笑。

这种客户往往知识渊博，思维敏锐，富有涵养，但在我们面前会有一种优越感和成就感。当我们发现客户掩嘴而笑时，不必感到尴尬，可以幽默地自嘲一下，让自己显得更有魅力，与客户的心理距离更近。

（5）皮笑肉不笑

皮笑肉不笑往往出现在比较严肃的客户身上。这种笑容是一种轻蔑的笑，表示不屑一顾，或对其他人的看法不赞同。

如果我们介绍的产品或者所说的话无法获得客户的信任，客户就会露出这种不以为然的假笑。对此我们不必灰心失望，而应该转换话题，找到交谈的突破口，并用有力的证据证明产品的信誉度和质量，改变客户的看法，使其接受我们的产品。

销售技巧

在面对客户时，我们要想看穿其真实心理，单纯依靠笑容是无法准确判断的，在观察其笑容时，也要结合其他的肢体语言综合分析，这样才不至于让客户的虚假表情蒙蔽我们的理智。

五、眼睛是心灵的窗户——由眼及心，看透客户的心理变化

达·芬奇曾经说过：“*眼睛是心灵的窗户*。”眼睛可以表达思想感情，甚至用语言难以表达的微妙感情，也可以用眼睛表达出来。

很多人嘴上说的与心里想的完全不一样，这时我们可以观察他的眼睛，往往会发现其真正“想说的话”。通过客户的眼睛，我们能发现客户真实的内心世界，从中感受到客户对我们及其产品的态度和意见。

那么，我们可以从哪些方面发现客户的眼睛所泄露的秘密呢？

1. 直视

如果客户直视我们，我们不要想当然地以为客户对我们的话感兴趣，客户这样做可能只是出于礼貌，是为了掩饰自己的质疑态度所采取的相反做法。因此，我们不要以为客户盯着自己看就是认可或关注自己。有时客户转移目光，反倒代表已经被我们的话语所打动了。

2. 眨眼

当我们和客户交谈时，客户长时间地凝视自己，却一直不停地眨眼，这大

多是表明其对我们的话不感兴趣，意味着我们的话没有打动对方，必须转换销售策略来打动对方的心。

案例 65 空调销售人员被“认真”的客户欺骗，做了一场无用功

卢欢是一名刚入职的空调销售人员。经过培训后，经理让她去拜访一位客户。卢欢来到这位客户的办公室，经过一阵寒暄之后，开始转入正题。

卢欢说：“北京在夏天时的气温还是挺高的，您的员工这么多，真的很需要安装一组中央空调。”

客户点点头，说：“是啊，北京夏天真热，特别是最近几年，夏天的气温越来越高了。”

“我们公司生产的中央空调绝对货真价实，并且最近也在搞优惠活动，可以给您省不少钱。”

“是吗？”这位客户直盯着卢欢，眼睛一直都没有离开卢欢的脸，看起来很认真的样子，但眨眼的次数明显增多。

卢欢看客户听得这么认真，以为这位客户被她的话打动了，接着说：“我们公司的中央空调相对于其他公司的产品来说更省电，一年能给您省一大笔电费，而且我们公司的这种空调性价比高，使用寿命很长，用 10 年不成问题。”

客户依然没有异议，还是直盯着卢欢，但眼神涣散。卢欢顿了顿，继续说：“我们的空调噪声也很低，在 24 分贝左右，绝对不会影响您和员工的工作和休息。”

经过长时间的谈话后，卢欢拿出订单让客户在上面签字，客户却说：“让我考虑考虑吧，我过两天给你打电话。”

两天之后，这位客户并没有给卢欢打电话，这次销售就这样泡汤了。

其实客户在用眼睛直盯着卢欢且不停地眨眼时，就已经表明了他对产品的态度了。只是卢欢没有发现，也没有及时改变自己的策略，所以她这次销售没有成功。

3. 斜视

如果客户斜着眼睛看我们，并且把眉毛压低，或者眉头紧锁，眯着眼睛，这就意味着客户对我们的话充满猜疑。一旦出现这种情况，就要调整策略，想办法获取客户的信任。

4. 看透谎言

国际知名的身体语言专家皮斯夫妇在实验中发现，大约只有30%的撒谎者会出现眼神游移不定的情况，而其余70%的撒谎者则会直视对方的眼睛，因为他们心中明白眼神游移是说谎的特征，为了掩饰这一特征，他们便故意采取相反的动作。事实上，这70%的说谎者中只有25%的人能被识破。

因此，我们不能简单地把眼神游移作为客户是否说谎的标准，而应该细致地观察客户的眼睛，从其他方面发现蛛丝马迹。

特征一：一个人正常思考问题时会将目光移开来唤起记忆，而撒谎时不用唤起记忆，也就不用移开目光。

特征二：眼睛向左下方看代表大脑在回忆，说谎的人则没有这一动作。

特征三：大脑在编造谎言时，眼睛会向右上方看。

特征四：一个人在撒谎时会很注意对方的眼神，以此来判断自己的谎言是否完整，是否需要补充。

特征五：撒谎时，眨眼次数会明显增多。

销售技巧

如果我们在观察客户的眼神时一直盯着客户，可能会让客户感觉不自在，从而产生抗拒心理。因此，我们要用柔和、认真的眼神观察客户，而不能像审犯人一样直盯着客户，要知道，我们的行为同时也受到对方的观察和审视。

六、坐相就是买相——在就座时摸透客户成交意向

当销售人员与客户谈话时，客户的不同坐姿可以反映其不同的态度和心理。我们要细心观察，发现客户的心理轨迹，明确其态度，并做出积极的调整，从而赢得客户的信任，使彼此达成共识。

当然，客户不会自始至终只保持一种坐姿，他会随着交流的进展和心情的

变化来改变自己的坐姿。

1. “弹弓式”坐姿

“弹弓式”坐姿是指把一条腿叠放在另一条腿上，身子向后倾，两只手交叉放在脑后，身体靠在沙发或者椅子的靠背上。保持这种坐姿的客户是在表现自己的冷酷、自信和无所不知。一般来说，保持这种坐姿的大多是男性，他们使用这种姿势是为了给我们施压，或者故意营造出一种轻松自如的假象，以此来麻痹我们，以使我们错误地产生安全感，在不知不觉中掉入其设下的“陷阱”。

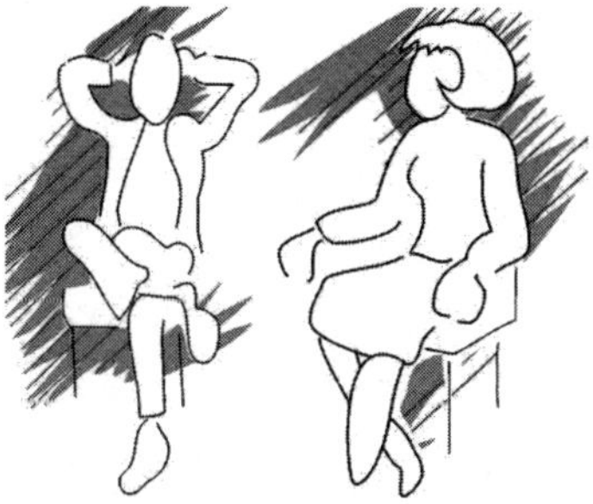

针对这种客户，我们可以采取不同的策略。比如，我们可以身体前倾，摊开手掌，真诚地说：“我知道您在这方面很有见解，能不能跟我分享一下您的想法？”或者给客户递一些资料，但不要使其触手可及，而应该迫使其身体前倾，变换姿势。

根据性别，我们也可以采取不同的策略。如果你是男性，可以模仿客户，采取相同的姿势，以获得平等的地位；如果你是女性，可以站起身与对方说话，俯视的姿态会促使其改变姿势。

2. 准备就绪的坐姿

身体前倾，一只手放在膝盖上，并伴有点头等肯定的动作。如果客户在听完我们的陈述后做出准备就绪的坐姿，而且交谈的气氛相当融洽，那么交易多半能成功。

如果客户在做完抚摸下巴的动作之后，紧接着出现准备就绪的坐姿，就说明客户给予肯定回答的概率很大；相反，客户如果先抚摸下巴，然后交叉双臂，就说明这笔生意很可能谈不成了。

3. 起跑者的坐姿

身体前倾，双手分别放在两个膝盖上，或者身体前倾的同时两只手抓住椅子的侧面，就像在赛跑中等待起跑的运动员一样。这种姿势传达出一种结束谈话的想法。如果客户做出了这样的动作，我们最好重新引导客户对自己所销售的产品产生兴趣，或者尝试转移话题，或者干脆结束谈话。

案例 66　销售人员细心观察客户坐姿，及时改变策略重新使客户燃起兴趣

于洋是一位理财产品销售人员，有一次他上门拜访一位老客户，向其推荐一款最新的理财产品。刚开始客户坐得非常端正，认真地听于洋介绍，并不时地点头赞同两句。

过了十几分钟，客户慢慢斜靠在沙发上，不再发表意见，只是听于洋的讲述。同时，客户的脚也开始乱动，并顺手拿起桌上的一个小摆件把玩起来。

看到这个情况，于洋敏锐地发觉客户已经对自己正在讲述的话题失去了兴趣，便马上停止介绍该理财产品，与客户聊起其以前购买过的一款理财产品。

聊了一会儿，客户本来靠在沙发上的身子渐渐地往前倾，脚向后移，手里的小摆件也被重新放回了桌子上。

通过转移话题激起客户的兴趣后，于洋马上推荐客户继续追加投资以前的那款理财产品，客户很痛快地同意了。

销售技巧

坐姿不但能反映客户的心理，还能影响客户的心理。我们可以提前准备好沟通环境，使客户处于一种舒适的坐姿，或者通过自己的走动等行为来改变客户的坐姿，从而影响其心理活动。

七、客户眉目传情——察眉观色，洞察客户的真实想法

眉毛在人际沟通中有一种很重要的辅助作用，它可以放大惊讶或气愤等情绪。眉毛的动作微小、迅速而不易察觉，但客户有时会难以抑制地通过眉毛来表达情绪，不经意间眉毛的一个动作就能泄露其不想让我们知道的真相。

案例 67　销售人员通过观察眉毛看穿客户，调整策略后使其欣然接受方案

一天下午，路长声按照约定的时间到客户的公司与其见面，顺便带去一套最新的设计方案。

路长声走进办公室，坐在大办公桌后面的客户就从头到脚地打量了他好几回，看上去有些不太友好。

还没谈几句，客户就开始对路长声的设计方案挑剔起来，不管是整体布局，

还是设备摆放，统统都提出了反对意见，甚至拿出自己亲手绘制的草图，还将两者相比，看那意思一定要有高下之分不可。

路长声说："李总，我们的设计更合理一些，能给您节省30%的开支。"

客户"嗯"了一声，心想："这明显是在说我的设计方案会浪费钱财。"他不由自主地挑起眉毛，用手擦了擦嘴角，流露出一副难以置信的表情。

路长声一下子就看出了客户心里的否定态度，干脆向客户借了一张纸和一支笔，开始在纸上计算，并且将每一笔开支和费用指给客户看，随后又将客户的那套方案同样进行了计算。结果真如路长声所说，客户自己的设计方案不仅会花费更多，还有超出预算的可能。

看了路长声的计算结果，客户原来挑起的眉毛这才舒缓下来，脸上也终于露出了笑容，并不断地点头，最后欣然接受了路长声的设计方案。

客户挑起眉毛是一个很明显的否定性信号。路长声留意到客户的表情变化，并抓住时机证明了自己的方案，最终获得了客户的信任。

心理学家指出，眉毛有20多种形态，分别表示不同的心理变化。

- **扬眉**：扬眉分为双眉上扬和单眉上扬。双眉上扬是人在极度欣喜或者极度惊讶时才有的动作，这说明客户非常愉快；单眉上扬表示不理解，有疑问，说明客户正在思考问题。
- **皱眉**：客户皱起眉头，主要有两种原因，一是陷入困难的境地，二是拒绝、不赞成销售人员的说法。
- **耸眉**：这表明客户不大愉快或者是无可奈何。另外，客户在强调自己观点时，也往往会出现这种动作，目的是要让我们赞同其观点。
- **闪眉**：这是在表示友善。眉毛闪动如果出现在对话中，则是为了加强语气。
- **眉毛倒竖、眉角不拉**：表明客户极端愤怒或异常气恼。
- **眉毛完全抬高**：表明出乎客户的意料，令其难以置信。
- **眉毛半抬高**：表明客户大吃一惊。
- **眉毛半放低**：表明客户大惑不解。
- **眉头紧锁**：表明客户此时内心忧虑或犹豫不定。
- **眉梢上扬**：表明客户喜形于色。

- **眉心舒展：**表明客户心态放松，心情坦然、愉快。

销售技巧

看透了客户眉宇之间的秘密，往往能帮助我们掌握客户的心理。需要注意的是，眉毛动作通常是与眼睛动作相配合的。因此，我们要综合两者的特点来分析才能更好地理解客户的真实心理。

第八章

识别客户性格，做有针对性的沟通

销售策略

不同的客户，其性格也不同，往往会有各自不同的想法、不同的做法、不同的思维方式。因此，我们在与客户交谈时，应该分辨其性格类型，从而有针对性地采用适合的方式与之沟通，使其有如沐春风之感。

一、性格爽快型客户，以结果为导向——直入主题

面对以结果为导向的客户，开门见山、直入主题才是最有效率的方法。

这种客户一般做事爽快，决策果断，以事实和任务为中心。他们的时间观念很强，追求高效率，喜欢直入主题，不愿意浪费时间闲聊。如果他们相信对方可以为其提供帮助，会很快做出成交的决定。

由于他们讨厌浪费时间，所以我们讲话的速度应稍快些，尽量与客户保持一致，以表示我们对他的尊重。另外，在与客户会面之前必须做好充分的准备，这样才能一针见血地指出对方存在的问题，以击中其要害。

大部分情况下，为了向前推进销售活动，我们会准备多种选项，供其自主选择。比如，我们可以提供两个见面时间、两种产品类型或多项服务等。但在这种客户面前，典型的“二选一”法可能会失去效果，因为他们喜欢直截了当地解决问题。

如果遇到这种客户，我们最好不要拐弯抹角，而应直截了当地将产品的重点介绍给客户，便于客户以最快的时间、最少的精力来做决策，从而更快地达成交易。由于这种客户做决策比较快，所以我们必须要跟上他们的节奏，随时做好谈成生意并签单的准备。

案例 68　客户急匆匆地离开，销售人员原本担心被拒绝，结果却很快成交

孙章是一家机械厂的销售人员，一次他接到某公司的咨询电话，在谈话时他主动提出去对方公司拜访。

孙章在与客户见面之前总是会做好最充足的准备，全面了解对方的信息，这次正好自己有一个朋友在对方的公司工作。据他的朋友说，与其会面的采购部经理是一位特别严厉的人，做事果断，雷厉风行。了解到客户的个性特征后，孙章将自己原本准备的厚厚一沓资料精简成两页纸。

见面以后，孙章直截了当地说："张经理，我们公司的产品您也是多少了解一点儿的，"说着，孙章将两页产品资料放在客户面前，接着说："这些技术资料是技术人员看的，咱们直接说关键的就行了，您认为呢？"

客户只瞟了一眼资料，就说："说说你们的产品吧，我一共约了3家公司，"说到这里，客户抬手看了一下表，接着说，"只有20分钟，你抓紧时间。"

孙章直接说道："贵公司这次是为了生产高端产品才采购新设备，既然要生产高端产品，就需要性能最好的设备来生产，而我们公司的设备是最先进的……"

孙章还没介绍完，客户就说："但你们的价格也是最高的。"

"对，我们的设备价格是偏高，但您认为是产品质量更重要，还是设备上的一点儿成本更重要？"

客户对孙章的顶撞并没有表现出反感，反倒点了点头，赞同了孙章的说法。

孙章想继续介绍产品，客户却打断了他，客户说："你的意思我明白了，你去跟工程师谈技术问题吧，等有结果了我会通知你的。"

客户急匆匆地离开以后，孙章以为自己可能被客户拒绝了，没想到还没等他和工程师谈完细节，客户就让他跟工程师过去。就这样，这笔生意在孙章不明不白的情况下便成交了。

后来孙章才想明白，客户当时就已经认同了他的产品，所以才让他和工程师去谈，而不是打发他走。

孙章的行为满足了客户直入主题的心理，在最短的时间内将产品的重点表达了出来，既节省了客户的时间，也提高了自己的效率。

销售技巧

面对以结果为导向的效率型客户，委婉含蓄、迂回说服等方式几乎对其不起作用，反而可能会使其反感。这种客户喜欢直入主题，果断决策，我们应用简洁的语言把最重要的内容说出来，缩短销售的进程，提升成交的效率。

二、热情冲动型客户，说话比较多——向他们提出问题

热情冲动型客户所表现出的乐观情绪极富感染力，他们会不断地活跃现场气氛，避免出现尴尬。他们讲起话来滔滔不绝，语速很快，愿意和对方分享自

己的经历或感受。我们应满足其心理，做一个倾听者，安静地听他们说话。

这种客户虽然做事匆忙，但时间管理能力极差，很容易忽略某些细节，也很容易打乱自己的计划。他们不会在交谈时做记录，因而有可能遗忘重要信息。这种客户对有好感的人会做出积极、主动的反馈，所以他们往往会冲动行事。

如果和这种客户建立了良好的朋友关系，成交的可能性极大；但如果使其不悦，失去订单的可能性也极大。

由于这种客户热情主动，话比较多，因此我们要做好话题的引导，用提问的方式来引导对方说话的方向，掌握谈话的主导权。

1. 引导话题

如果我们把说话的主导权交给客户，很可能永远也无法将他再拉回销售的主题上，销售活动就可能变成客户的“脱口秀”。

要想避免这种情况发生，就要通过提问客户对产品的看法或者意见，将话题引到与销售相关的方面。

2. 节约时间

客户有很强的倾诉欲，所以在时间上控制得不好，如果最后没有达成交易，就会比较可惜。热情冲动的客户总是不明白我们的时间有多么宝贵，他们觉得既然想和他成交，多花时间聊一聊是应该的。

作为销售人员，我们不能无底线、无原则地和客户闲聊，可以提问客户接下来的日程安排或工作计划，以引导其将话题转移回来。

3. 关注细节

这种客户很可能忽略产品的许多重要细节，出现问题后又来找我们的麻烦。我们要主动向客户提醒一些需要注意的产品细节问题，如产品的型号、参数、维护方法、注意事项等，询问客户在这些方面有什么要求，然后根据客户的要求选择合适的产品，避免日后出现争论。

案例69 热情似火的客户把话题扯到九霄云外，被销售人员的问题拉回

赵杰是一位房产销售人员，这一天他与一位客户一起去看房子。刚开始赵杰还担心与客户沟通有困难，准备了很多话题，没想到客户的表现完全出乎他的意料。两个人一见面客户就大笑起来，然后热情地与赵杰打招呼，让赵杰感到很轻松。

一路上，还没聊几句房子的事，客户就开始天马行空地闲聊，上到国家大事，小到天气预报，没有他不讨论的话题。赵杰认为这是客户对自己有好感，也认为这样闲聊能拉近双方的关系，就一直陪他闲聊。

后来，赵杰又跟客户联系了好几次，客户的表现让赵杰有点儿茫然。因为客户每次和他谈话时都是闲聊，很少提及房子。赵杰甚至有点儿怀疑客户到底是想买房子，还是想找人陪他聊天。

这一次，赵杰主动去客户家里拜访。一进门，客户依然特别热情，又是端茶又是递水的，然后拿出自己前几天刚买的一套纪念币介绍给赵杰看。

赵杰看完纪念币，一看客户又打算聊别的话题，就赶紧问："任先生，咱们上次看的那套房子您感觉怎么样呢？"

客户笑着说："挺好的，挺好的，那套房子环境不错。"

赵杰说："是啊，那个小区的绿化特别好，又紧邻××河……"

"说起××河，前几天我在那里钓到两条鱼，长得挺好看的，你过来看看。"说着，客户带赵杰去看鱼。

赵杰见客户又把话题引开了，边看鱼边说："我这次带来了购房合同，您方便现在签一下吗？"

没等客户表态，赵杰就拿出合同问："您的身份证能提供一下吗？"

看到赵杰真的要签合同，客户这才想起来问房子的具体事项。

在这个案例中，赵杰就遇到了一个热情冲动型客户，在客户的闲聊下浪费了很多时间。最后，他用提问的方法引起了客户的重视，将话题重新拉回来。

销售技巧

向客户提问时要注意两点：一是时机，不能直接打断客户的讲述，而要在客户说话停顿时提问；二是内容，要提问与产品有关的内容，而不是顺着客户的讲述，否则会越问越远。

三、性格随和型客户，内心却固执——先与客户建立关系

一般性格随和的客户容易相处，他们是优秀的倾听者，销售人员和这种客户谈话会非常放松。他们不会独断专行，喜欢群体决策，而且对达成一致的意见很少提出反对。

这种客户一般会受到销售人员的喜爱，因为他们谦和有礼，不会鲁莽地拒绝销售人员上门，也不会态度恶劣地将其驱赶出去。他们在听销售人员介绍产品时往往会很专心，并表现出浓厚的兴趣，即使他们想拒绝，也会表现出很抱歉的样子。

不过，有时与这种客户交易恰恰是最具挑战性的事情。这种客户优柔寡断，总要思考好久才能做出购买决定；他们喜欢听取别人的意见，周围人的建议很可能会使其改变想法；他们的态度模糊不清，总是让人摸不透其真正的想法。

当然，随和型客户看似性格温和，性子慢，有耐心，但其内心是十分固执的。他们虽然会听从周围人的意见，但对销售人员是怀有戒备心理的，如果我们急于推荐产品，对其软磨硬泡，会让其非常不舒服，还可能对我们的行为产生怀疑。我们越热情，客户就会越拒绝。虽然他们不会大发脾气，夺门而走，但也会坚持拒绝到底。

案例 70　销售人员不停介绍不见效果，其同事转变方式获得订单

朱平和秦刚同是一家电脑专卖店的导购员。有一次，店里进来一位顾客，朱平看到顾客进门，忙向其介绍一款品牌笔记本电脑，言辞急切，劝说顾客尽快购买。顾客虽然点头称是，并微笑着倾听朱平的介绍，却并没有购买的意思。

秦刚通过细心观察，发现顾客是一个比较随和的人，却缺乏主见，拿不定主意。而朱平急于推销，显然已经让顾客有些不舒服，激起了顾客的逆反心理。顾客对朱平不信任，即使她再苦口婆心地劝说，顾客也不会购买。

于是，秦刚走到顾客跟前，礼貌且温和地说：“先生，既然您暂时决定不了，不如我带您看看其他品牌的笔记本电脑，您可以对比一下，想好之后再做决定。”

顾客很高兴地同意了。秦刚耐心地带他看了七八款笔记本电脑，并认真地介绍每一款笔记本电脑的特点，还与他聊了很多趣事。当顾客选出两种笔记本电脑之后，秦刚帮他做了详细的比较与分析，最终使顾客拿定了主意。

因为秦刚专业而周到的服务，顾客对他非常信任，后来又介绍了很多朋友前来购买笔记本电脑。

在这个案例中，秦刚就是摸清了顾客的心理，并根据顾客的需求积极地引导，最终促成了交易。

那么，在面对随和型客户时，我们到底应该怎么做呢？

1. 主动询问

当随和型客户犹豫不决时，我们要主动、耐心地询问，找到使其顾虑的根源，然后设法帮其解决。我们要与其保持良好的沟通，多为其提供一些建设性的意见，引导其做出购买决定。

比如，一位年轻妈妈购买服装，不知道该选哪一件时，我们可以帮其分析。我们先推荐一款深色的服装，并说出几点原因：其一，您是一位母亲，照顾孩子难免会弄脏衣服，浅色不耐脏；其二，深色的服装是基本款，流行时间久，一般不会过时，而且您穿上一定显气质，符合“辣妈”的形象。

2. 建立关系

在正式销售前，我们可以与客户聊一些与销售无关、比较有趣的话题，以建立融洽的关系。

1. 询问客户近况如何，耐心倾听他们的诉说
2. 提及双方在前几次会面中聊过的话题
3. 主动向客户介绍自己，让他们了解自己以及自己所在的公司。对他们来说，了解产品包括了解销售人员、公司及产品本身，知道这些信息会降低购买风险。

3. 利用“第三者”

随和型客户没有主见，非常看重他人的意见。因此，我们在与这种客户沟通时，可以提及客户所熟悉的人，这样不仅能够拉近彼此之间的距离，还可以

使自己的话更具有说服力。

“您认识××公司的徐盛吗？他们公司就是从我这里购买的产品。”

“先生，李路应该是您的朋友吧？他曾经在我们这里购买产品，觉得满意，这才建议我为您介绍一下我们的产品。”

销售技巧

虽然适当地对性格随和的客户施加压力有利于其做出决定，但也可能会引起其内心的反感。这种客户希望销售人员也能像他一样温和地解决问题，如果遇到压力，虽然不会激烈地反抗，但可能会在自己心中做出否定。

四、沉着冷静型客户，深思熟虑且慎重——收集资料，持续跟进

沉着冷静型客户，在与销售人员接触前就非常明确自己的需求。他们思维冷静，在将需求转化为产品之前，通常会广泛地搜集信息，并反复权衡、比较和分析，其最关心的是产品本身的优点，以及是否符合自己的需求。

因此，我们在面对这类客户时应“晓之以理”。我们必须全面掌握专业知识，做到与对方步调一致，深入主题，多强调产品的实用性功能。

案例 71　销售人员滔滔不绝遭遇失败，其同事与客户讨论技术而成单

郑霞是某化工原料公司的销售人员，公司的产品质量很好，价格实惠，在市场上有很高的知名度。

有一次，某工厂需要一批化工原料，郑霞便去拜访了这家公司的经理。

一见到经理，郑霞就只顾展现自己的口才，滔滔不绝，没有注意观察客户的特点，结果每一次沟通都没有取得成效。

由于长时间没有进展，郑霞的同事刘婷便接手这项业务。刘婷在拜访之前先准备了各项产品资料，与客户沟通时，她通过细心观察，发现客户是一个非常理智的人，话不多，但一直在思索，于是省去了客套和寒暄，直接进入主题，把谈话重点放在技术方面上，并以产品资料为辅助工具，向客户介绍了各项产品的技术特点。

没过多久，客户就与刘婷签订了购买合同。

面对沉着冷静型客户，我们需要充分利用专业分析和数据来打动其内心。

1. 给客户时间

沉着冷静型客户需要大量的信息作为决策依据，所以他们需要足够的时间去理解和思考。如果我们的性格比较急躁，就应适当放慢语速，以适应客户从容不迫、慎重考虑的节奏。我们要给客户留出“沉默”的时间，给其消化信息的机会，不能过于急促，否则会让客户产生压力，影响其做出理性的判断。

2. 给客户证据

与客户见面前要充分掌握相关的事实和数据。我们要以专业的角度，结合实际的相关数据向其做出翔实的介绍，分析自己所推荐产品的相关信息，如价格、性能特征、产品优缺点等。在介绍时，话语要简洁精炼，不得啰唆。

切记，我们对这种客户千万不能死缠烂打，纠缠不清，而应该把握好火候，像客户一样富于理智，用智慧去赢得成交。

销售技巧

“谋定而后动”的客户容易给销售人员一种冷漠感或挑剔感，但我们要清楚，深思熟虑不是挑剔，不能因为客户的问题多就认为是在为难自己，而应该耐心、细致地为客户解决问题，用翔实的数据和专业的知识说服客户。

五、犹豫不决型客户，迟迟难下决定——给他一点儿紧迫感

很多人在购买商品时总会再三比较，但最后仍然无法决定。犹豫不决并不是深思熟虑，深思熟虑过后采取的是最优化选择，而犹豫不决的结果往往是直接放弃或者随意选择。

面对犹豫不决的客户，销售人员的介绍和推荐似乎变得毫无用处，因为就算客户承认销售人员的说法，也无法改变其难以抉择的事实。问题不在于产品如何，而在于客户的心境。

客户犹豫不决一般有两种原因：一是紧迫性不够，二是选择过多。

A 客户总觉得购买产品以后就失去了选择的机会，而如果自己不买，就能多选择一段时间，说不定在这段时间里会出现更好的。

B 可供选择的产品越多，客户越会犹豫不决。有时选择范围小不但不会影响客户的利益，还有助于提高客户购买效率。

案例72 销售人员向犹豫不决的客户提示产品紧俏，迅速达成交易

吴维是一家建材商场的店员，一次一位顾客来店里选购地板。顾客挑选了将近一个小时，终于看中了一款地板，但还是犹豫不决。吴维很担心，因为如果再让顾客犹豫下去，最后的结果可能会失去这位顾客。

吴维决定不再等顾客的选择结果，而是主动出击。他走到顾客身边说："看得出来您很喜欢这款地板，可以跟我说一下您家的面积吗？我帮您计算一下您的用量。"

顾客赶紧摆摆手说："我再考虑考虑吧！"

吴维说："没事，您多考虑考虑也可以，不过如果您看上这款地板的话，还是尽早做决定比较好。"

顾客疑惑地问："为什么？"

吴维笑了笑说："这款地板是需要定制的，如果您要选购，必须提前一个月向厂商下单。"

顾客摆摆手说："没事，不差这几天。"

吴维接着说："这款地板的制作流程比较复杂，所以厂商每个月的产量是有限的，如果订购晚了只能延期，那就说不准会等多久了。"

顾客想了想说："真的这么着急？"

吴维点点头说："是的，这款地板很紧俏，我也是怕您错过机会，所以提醒您一下。"

最后，顾客在吴维的引导下终于下了订单。

吴维的聪明之处就在于，在面对犹豫不决的客户时，他没有一味地强调产品的优点，而是用产品的稀缺性来给客户制造压力，促使客户很快下定购买的

决心。

面对犹豫不决的客户，如果采取不作为的方式任由其发展下去，那么失去客户的可能性会非常大。适当地给客户施加一些压力，可以变被动为主动，更有利于成交。

具体来说，我们可以采用稀缺效应，营造一种产品稀缺的氛围，用销售紧俏或者产量很低来给客户施加压力，采取限时供应或者限时优惠等方式，使其心中产生“如果现在不买，下次可能买不到”的担忧。只要客户产生了紧迫感，就会增加购买的可能性。

销售技巧

给客户制造紧迫感的目的是为了让客户更快下单，而不是为了吓跑客户。因此，销售人员要把握好施加压力的大小，压力太小不起作用，压力太大则会引起客户的反感。

六、特立独行型客户，追求新潮——给他充满个性的产品

有的客户喜欢追求新潮，特立独行，与众不同，渴望得到他人的重视。有这种心理的客户在购物时重视“时髦”和“个性”。

这种客户有强烈的求知欲，对新事物接受比较快。他们与随大流的客户正好相反，追求的就是与众不同。比起产品本身的质量和性价比，他们更在意的是这款产品能否为其带来与众不同的体验，能否成功地吸引他人的注意力。

当我们在与这种客户交谈时，可以摆脱商业化的形式，选择一个非正式场合见面，比如咖啡厅、茶吧等。如果我们的产品能够触及客户的“新鲜点”，满足其猎奇心理，彰显其独特魅力，那么我们就有很大的机会获得成功。

案例 73　销售人员为客户定制石雕，独一无二的感觉让客户惊喜万分

丁成是一家石雕公司的销售人员，有一家公司为了举办庆祝活动，想选购一批石雕。经过初步沟通后，丁成邀请客户来公司实地考察。

双方见面后，丁成带客户看了很多款产品和缩小版的样品、图片，但客户还是挑选不到喜欢的。

丁成说："王先生，您能跟我说一下您大概想要哪种风格的吗？"

客户想了想说："什么风格的我倒是没想过，不过我不太喜欢和其他公司一样，我想要的石雕不仅是活动期间的装饰，还要成为公司的一个标志，每个员工来上班时一看到它就能产生一种归属感。"

这时丁成才知道这是一位喜欢标新立异的客户，于是对客户说："您在这里选择的石雕肯定也有被其他公司购买的可能。我有一个解决办法，我们公司有专门的石雕设计师，您可以把自己想要加入的元素说出来，然后由我们的石雕大师为您设计一个独一无二的石雕，您觉得怎么样？"

客户惊喜地说："只要够新奇，能引人注意就行。"

丁成说："但加工时间会比较长，价格也要高一些……"

客户摆摆手说："这些都不重要，只要你们能给我做出足够新奇的石雕就行。"

就这样，丁成与客户达成了一致意见，签订了合同。

面对追求新奇的客户时，无论销售人员怎样强调产品的质量和性能都无法吸引客户，因为客户的兴趣点根本不在这里。丁成的聪明之处在于，他利用"独一无二、专门设计"等词汇的建议满足了客户的求异心理。

我们要满足客户追求新奇的心理，努力挖掘产品的卖点，从中找出新奇之处。最容易引起客户的注意，让客户产生兴趣的地方就是产品的卖点，这就需要我们认真地体验产品，挖掘出产品的独特之处，以便勾起客户的好奇心，从而促成销售。

销售技巧

与众不同是一种相对的概念，完全与众不同的商品是极少的。我们要学会在话语中将产品塑造成"与众不同"，强调产品的某些个性化的特征，从而满足客户追求新奇的心理。

七、保守型客户，难以说服——以理服人，打开心理防线

我们在工作或生活中经常遇到因循守旧的人，他们思维保守，性格沉稳，对新鲜事物没有太大的兴趣。相对于那些喜欢追求新潮的人，他们总是循规蹈

矩，喜欢给自己设置一些条条框框来约束自己的行为。

他们并不是意识不到自己的问题，只是对未知的恐惧压倒了他对新鲜事物的渴望。他们往往有极强的自尊心和判断力，但缺乏行动的能力，不愿意冒险，因此难以迈出改变的第一步。

遇到保守型客户时，不要企图马上说服他们。因为我们越想快速说服他们，他们就越保守、越固执。如果我们将客户的理由都反驳了，那就更糟糕了，客户很可能因为自尊心受到伤害而不满，令双方都难堪，不但这笔生意做不成，我们也很可能会永远失去这个客户。

保守型客户对产品的忠诚度比较高，如果我们向其推荐一款新产品，并想让其接受是非常困难的，但任何事情都有两面性，只要能让他们接受了新产品，往往就意味着我们又多了一个忠实的客户。

那么，面对固执、保守的客户，我们应该怎么做呢？

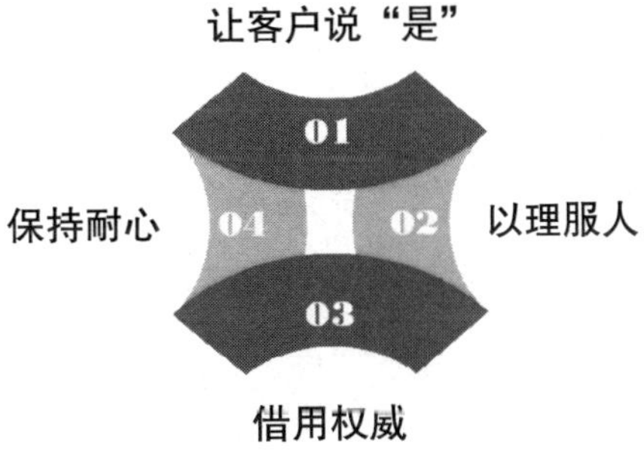

1. 让客户说“是”

保守型客户不会轻易地接受别人的意见，在说服他们时可以先从与销售关系不大的事情慢慢谈起，用平和的态度对待客户，使其一开始就说“是”，尽量不要让客户把“不”字说出口，以免其因维护尊严而坚持错误的观点。

2. 以理服人

保守型客户看人往往带有偏见。偏见的产生源于对事物不全面或不深刻的认识。如果能做到以理服人，分析清楚执偏见者所没有认识到的另一面，并明确、清晰地表达出来，就不难达到说服这类客户的目的。

案例 74　理财经理侃侃而谈，细致分析，让保守型客户不再保守

吕飞是一家银行的理财经理，他去拜访一位客户。这位客户是一位典型的保守型客户，在银行有大量存款，却很少购买理财产品，也鲜有大笔支出。

见面以后，吕飞说：“冯先生，我之前给您推荐的几款理财产品您觉得怎么样呢？”

客户回答：“我最近不考虑理财产品。”

吕飞当然不会轻易放弃，他说：“您现在不买也可以先看看嘛，多了解一些东西总是好的，比如最近基金收益就挺高的。”

客户问：“基金？现在买基金很多都是赔钱的，不会太危险吧？”

吕飞笑着说：“的确有很多投资人在市场的高点买了基金，现在亏损了不少。不过此一时彼一时啊，现在市场处在历史低点，从中长期看，可以购买一些基金了，而且我们给您推荐的不是高风险的股票型基金，而是混合型基金。”

客户问：“你是说现在买基金就不赔钱了吗？”

吕飞答道：“投资人买基金亏损无非两个原因：一是买卖基金的时机不好，二是基金选得不好。我现在来给您详细讲一下。首先是买基金的时机，假如您比较保守，只愿意承担较低的风险，同时实现资产的保值功能，那我建议您在市场上同时出现五种信号（大盘跌破10年均线、市盈率处于历史低位、成交持续地量、货币宽松、政策持续传达支持信号）时采取积极的中长期投资策略，布局混合型基金是再合适不过了。因为以往经验表明，这5大信号同时出现时入市，均能在低风险的基础上取得丰厚的投资回报。您想想看，身边买基金亏损向您抱怨的人都是什么时候买卖的基金呢？”

客户说：“这么多年大家都一直亏着。”

吕飞说：“大多数买基金亏损的客户，都是在利率不断上升到高点时买的基金。您想想，那个时候利率不断攀高，货币持续收紧，您说是不是？”

客户回答：“这倒是。”

吕飞说：“问题就出在这儿！经济都是有周期规律的，基金、股票这些投资品都是和经济周期紧密相关的，国家有时会加息收紧货币，有时会降息宽松货币，这都会对市场产生影响。”

客户说：“对，利率下调后持续维持低利率，实行货币宽松政策，后来市场就好转了。”

吕飞说：“这都是因为国家要调控经济，当经济下滑时要保持低利率，放松货币，刺激经济，鼓励大家投资；反之，当经济过热，物价上涨过快时，影响到民生了，国家就要加息，收紧货币供应，大家就会变卖资产换钱存银行，这样就会导致股票等资产价格下降，造成亏损风险。您身边的朋友买基金亏损，很多都是在这种情况下入市造成的。”

客户说：“原来是这样啊！”

吕飞说：“现在情况就不一样了，现在市场上已经同时出现了这五种入场信号，国家现在全力维稳，并刺激经济恢复快速发展，随着货币供应量变大，经济重新变好，股票市场必定反弹，所以现在是布局投资的好时机，您现在投资是不会像您朋友那样的。而且，这个基金由××亲自掌舵，他的投资历史业绩一直很优秀，上一款××基金今年上半年收益近 20%，排名同类基金第三，而同期大盘一直在下跌，他的投资能力值得投资者信任。您已经错过了上半年的机会，这次机会可别再错过了呀！”

客户点点头，说：“好，您说得很对……”

在这个案例中，吕飞以理服人，用细致的分析让保守型客户放下了自己的心理防备，然后推荐了一款适合保守型客户的资产配置产品组合，最后使客户产生了投资的兴趣。

3. 借用权威

保守型客户虽然总是以自我为中心，不顾及别人的看法，但他们往往重视权威意见，甚至借助权威意见反抗别人。针对保守型客户的这种心理，我们可以借用权威的话来说服他们。

4. 保持耐心

面对保守型客户，最重要的一点就是要有耐心，尽量接受客户固执己见的表达。当客户以为其看法被我们所接受，自己的心理得到满足后，我们再向其解释。一定要有耐心，认真地倾听客户说话，直到客户准备倾听我们说话为止。

销售技巧

客户保守、固执，只是因为新选择没有达到其期望，所以我们不能一遇到保守型客户就觉得难以说服，轻言放弃。只要我们做得足够多，耐心解释，以理服人，再加上产品足够好，再固执的人也会有转变观念的时候。

第九章

巧化客户异议，让拒绝成为签单的开始

销售策略

被客户拒绝是很多销售人员经常遇到的难题，有时刚开始交谈，销售人员的一腔热情就被客户泼了一盆冷水。客户的异议就像销售中的“鬼门关”，闯过去就是海阔天空，闯不过去可以先退一步，切不可硬闯。销售人员需要巧避锋芒，运用高超的智慧和灵活的技巧来化解客户的异议。

一、客户习惯拒绝——找到拒绝背后的原因

在销售的过程中，我们要清楚地了解客户拒绝的真正原因是什么。只有找到了客户拒绝背后的原因，才能调整策略，巧妙地化解客户的异议。

案例 75　因听不懂客户抱怨，白酒销售人员没能卖出最新产品

杨寿是一家酒厂的推销员，这天他早早地来到一家烟酒店，拜访这家烟酒店的老板。

第一次见面，杨寿与老板寒暄几句后就直接说明了来意，花了 5 分钟时间介绍公司的产品。他本想继续说下去，但看到老板很不耐烦的样子，他知道不能再滔滔不绝地讲下去了。

于是他直接说到重点：“老板，我这次主要是向您推荐我们公司的最新产品，批发价 80 元，零售价可以卖到 98 元~108 元，而且公司还有促销活动，力度很大，一箱酒赠送价值 50 元的可乐，您看，要不要先试销一下？”

老板看都没看，只是轻描淡写地说：“现在的业务员比顾客还要多呀，温度比酒精度还要高！你看，我这里哪儿有地方摆放啊？等有地方了再说吧！”说完，老板指指堆满白酒的货架，示意杨寿自己去看。

杨寿看了一眼，的确是这样，到处都是酒。无奈之下，他只好告辞，离开了这家烟酒店。

很明显，这是一个失败的销售案例。若仔细观察，可以发现杨寿在销售过程中大部分表现得都很不错：产品介绍比较简短，言简意赅；产品是公司刚刚上市的新品，利润很大；还有 50 元的可乐赠送，优惠很多。但为什么杨寿仍然没有说服客户呢？

因为他根本没有认真思考店老板拒绝背后的真正原因是什么。店内真的没有地方放酒了吗？如果他认真地思考一下，仔细想一下老板说的话，便可以很快找到答案。

为什么老板要说温度比酒精度还要高？原因就在于现在正处于白酒淡季，天

气炎热，白酒销售量比较低，占用资金却比较多。因此，我们完全可以找到客户拒绝背后的真正原因：老板担心产品卖不动，占用大量的资金。这时应该怎么办？很简单，对症下药。杨寿可以这样说："老板，我们的白酒虽然占用您一定的资金，但您放心，只要您现金进货，我们可以保证，如果您一个月不动销，公司无风险退货！而且我们还有更大力度的促销呢，都能够为您增加利润。"

找到客户拒绝背后的真正原因并不是一件简单的事情，因为拒绝本身就是一种抗拒行为，拉大了双方的心理距离，使彼此更加难以了解。但我们可以按照以下方法来尝试找到客户拒绝的真正原因。

首先要学会观察，从客户的拒绝话语中寻找原因。客户的话会不自觉地透露其情绪和想法，需要我们的细心挖掘，不认真思考是无法从表面语言获知其真实想法的。

初步了解客户的想法后再去主动询问，以验证自己的想法是否正确。客户拒绝后再去主动询问需要很大的勇气和智慧，稍有不慎就可能会激怒客户，使自己陷入困境。

一般来说，客户拒绝有三个方面的原因：销售人员、产品或公司，以及客户自身问题。我们可以从这三个方面进行分析，以便于准确地知道客户拒绝的原因。

销售人员

销售人员的穿着打扮、言行举止可能未给客户留下良好的第一印象

产品或公司

产品无法满足客户的需求，公司无法取得客户的信任

客户本身

对新事物接受比较慢；情绪不好；经常被销售人员纠缠，不耐烦

销售技巧

客户习惯拒绝，是源于自身存在的不安全感，但具体原因需要我们仔细观察和认真分析以后才能得知。如果我们在遇到客户拒绝以后就失落地离开，不去分析拒绝背后的原因，那么我们就无法将销售活动向前推进，更不能取得销售上的成功。

二、客户说“太贵了”——这是积极的购买信号

在销售人员与客户的交谈过程中，价格是一个非常敏感的话题。一提到价格，双方都变得异常警觉。事实上，客户觉得产品价格高是一个积极信号，只有想购买的人才会嫌产品太贵，对产品没有兴趣的人根本不会关心价格。

与销售人员相比，客户处于信息劣势，对产品的真实价格和性能等方面都不是很了解，因此客户会有一种防备心理，认为销售人员的每一句话都可能是谎言，目的是在自己身上获得更多的利润。

为了维护自己的利益，客户只好以价格高为由，希望去掉价格里边的水分，得到一个比较实惠的价格。

哪怕客户不是真的认为产品的价格过高，他也会说价格过高。谁都希望花更少的钱买更多的东西，如果能买到便宜点儿的产品，谁会不开心呢？

案例76 咨询公司为自行车厂家设计三个问题，使价格稍贵成为物超所值

有一家美国自行车生产厂家，其自行车比别的厂家价格高一些。他们的自行车价格为180美元，而其他厂家的自行车售价为150美元。

该厂家在刹车方面做了特殊设计，提高了产品的安全性，所以成本比较高，价格自然也比较高。遗憾的是，这个特点似乎并未有效传达给客户，因此其销售业绩一直不太好。

无奈之下，厂家负责人找到一家咨询公司，想知道他们的产品为何无法打开市场。

咨询公司经过询问了解到，该厂家的产品安全性能确实比同行高，为此付出的成本要高得多，因此无法降价，必须维持原价。于是，咨询公司通过调研给他们制定出了一个销售模式，让所有门店里的销售人员在推销这种自行车时，先问三个问题：

问题一：“您觉得一辆自行车什么最重要呢？是不是安全最重要？”

这是一个带有自问自答性质的问题，能避免客户因答不上来而产生困惑感

和挫折感，也可以避免客户的答案与推销策略不符，达不到提问的效果。

客户往往会说："是呀，当然了。"

问题二："那什么东西最能影响自行车的安全呢？是不是刹车？"

客户往往会说："对，是刹车。"

销售人员同样在问题中引导客户回答，避免客户的回答与自己的预想不同。

问题三："您觉得一辆自行车大概能使用多久呢？3 年，5 年，还是 7 年？"

客户可能会说："最少 3 年吧！"

这时，销售人员便可以对客户说："好，我们以最少 3 年来算：我们的自行车只比别人贵 30 美元，也就是每年比别人多花 10 美元，一年有 12 个月，每月只多花不到 1 美元，就能买一辆安全性能更好的自行车了，您看这值不值得呢？而且这辆自行车的设计使用寿命比一般自行车更长，这样算下来您一个月只要多花几美分，就可以把这辆既安全又耐用的车骑回家了！"

价格高自有价格高的原因，用话语引导客户关注产品的价值才是解除价格异议的关键。

当客户认为价格太高时，我们可以采用以下几种方法来应对。

1. 价格=价值

"一分价钱一分货"是尽人皆知的道理，我们与其在价格上争论不休，不如强调产品的价值。除了单纯讲述外，还可以用体验、试用等方式来获得客户的信任。实际上，只要让客户相信产品是物有所值的，客户就不会在价格方面产生任何异议了。

2. 价格对比

客户害怕上当受骗，害怕我们把价格虚报太多。为了打消客户的疑虑，我们可以采取以下几种方法。

要充分证明自己已经把价格压到最低，让客户相信自己没有在价格上欺骗

他们，这样客户才会放心地接受产品。

3. 高价=高档

高价并不总是弱势，因为高价同时还意味着高档。当我们去夸赞一辆豪车时，不只说它外观多漂亮，性能多优越，还会说它价格有多高。

有时利用高价的优势营造一种优越感，反而会吸引更多的客户。需要注意的是，用高档来吸引客户的前提是产品本身必须有出彩的地方。如果除了价格高以外，没有其他特色，就是对客户的欺骗，怎么可能得到客户的信赖?

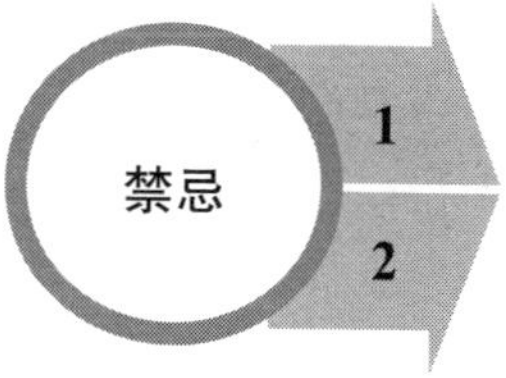

不能陷入与客户讨价还价的过程中，这样只会激起双方的矛盾，失去成交的可能性。

不能一遇到客户议价就马上接受，这样只会让他觉得价格有很大水分，反而会更加小心，甚至怀疑产品本身有问题。

销售技巧

商品的价格高低对消费者来说只是一种感觉，对客户而言，其并没有十分确定的标准，重要的是我们如何去应对。只要能让客户感到物超所值，关于价格的问题就会迎刃而解。

三、客户说“别的地方更便宜”——帮助客户权衡利弊

虽然客户与销售人员相比处于信息劣势，但他们也并非一无所知。他们可能会从不同的商家那里获得更多的信息，货比三家，仔细权衡。一般来说，产品价值越高，客户对比就越仔细，现在网络信息交流极为方便，很多产品的信息都可以在网上查到。

这就出现一个问题，客户经常会提出“别的地方更便宜”，他们可能在别的地方查过价格信息，也有可能只是想用话语来刺激我们降价。对我们来说，是否真的有更便宜的地方并不重要，因为价格从来不是影响人们购买产品的唯一因素。

在这种情况下，我们不要轻易降价，降价损失的不只是利润，还有信誉。

案例 77 汽车销售人员的一个问题让准备起身离开的客户袒露心声

有一次，汽车 4S 店的销售人员侯勇接待客户，本来双方谈得挺顺利，客户对车型和配饰都很满意，但在最后说："这个价格有点儿高，旁边那一家比你们低 2 000 元。"

侯勇说："怎么会呢？我们都是一样的 4S 店，价格都是统一的。"

客户说："刚才他们亲口告诉我的。"

侯勇说："我们刚才赠送了您价值超过 2 000 元的内饰，算起来也差不多了。"

客户说："不，他们那里除了便宜 2 000 元，还赠送价值 1 000 元的内饰。"

侯勇无奈地说道："那我也没办法了，给您赠送内饰已经是我最大的权限了。"

听到这话，客户失望地摇了摇头，然后站起身打算离开。

侯勇突然开口说道："既然那家店给您那么优惠的条件，那您为什么离开那里了呢？"

客户停了一下，说道："其实也不是什么大问题，就是在他们店里感觉不太好。"

侯勇问："具体是什么感觉呢？您能说一下吗？"

客户回答道："具体也说不清楚，大概就是服务和整个店的氛围都很差。"

侯勇说："您说得真对，购买汽车这种大件商品风险很大，一定要谨慎，否则就算价格便宜，买回去也会被售后问题所折磨。我们店的优势就在于服务，从售前服务到售后服务都是业界一流，致力于给客户最好的消费体验，让客户买得放心，用得舒心。"

客户说："这个我知道，所以我才会犹豫不决。"

侯勇说："我想您之前一定看了很多家 4S 店，对我们公司的服务和口碑都有所了解，也认可我们公司。比起价格上的一点儿小差距，以后您的爱车出一点儿问题都会比这个严重得多，如果无法顺利维修将会给您造成多大的损失啊！哪怕只是给您拖延几天，您也很难接受吧？我想，与服务相比，价格上的问题您也是能理解的，是吗？"

客户说："这个我倒是明白。"

侯勇说："既然这样……"

最后，侯勇成功地拿下了这笔订单。

在这个案例中，侯勇在客户就要离开时绝地反击，成功地挽回了客户。当客户提出旁边的 4S 店更便宜时，侯勇主动询问与引导，让客户说出了自己对那家店的担忧，用自己的优质服务打消了客户对价格的疑虑，顺利地达成了交易。

在面对这种情况时，我们可以采用什么方法呢？

1. 分析法

大部分人在购买产品时会从三个方面了解产品，即质量、价格和售后服务，然后综合分析，权衡利弊，最后做出决定。

我们需要做的就是帮助客户分析，用产品的质量和售后服务来打消其心中的顾虑与疑问，使其感到物有所值。例如："工先生，虽然我们的产品价格稍微高一些，但我们这里的服务好，可以免费上门安装和维修，3 年保修，您在别的地方购买，没有这么多服务项目，您还得自己花钱，这样既耽误您的时间，又没有节省钱，实际算下来还是我们这里比较合适。"

2. 暗示法

暗示客户低价的产品可能存在质量问题，提醒客户现在假货泛滥，不要因贪图便宜而得不偿失。

"为了您的幸福，高品质、好服务与价格两方面，您会选哪一项呢？"

"您愿意牺牲产品的品质只求便宜吗？如果买到假货怎么办？"

"难道您不想享受我们公司良好的售后服务吗？"

销售技巧

客户对价格提出异议，我们不必屈尊逢迎，而应挖掘产品的优势，以此来吸引客户。用细心观察和耐心询问来了解客户的内心需求，明白其关注点，这样才能做到有的放矢。

四、客户说"这真的值那么多钱吗"——告诉客户价值所在

客户在购买产品时会考虑："这真的值那么多钱吗？"客户对价格产生疑问，证明其对价格比较敏感。客户说出这句话的原因主要有图示两点。

1. 认为产品的价值与价格不符。

2. 产品本身就是奢侈品、贵重物品，价格很高，对消费者的直观冲击比较大。

面对客户的质疑，我们需要解释这样一个问题：价值何在?

商品的价值有两方面：一是产品本身的价值，比如“铂金产量非常低，全球储存量只有黄金的1/30，只有1.4万吨，是世界上最稀有的贵金属”。二是能为客户带来的价值，比如“您看，您是瓜子脸，身形比较娇小，但很有气质，您选的这款耳坠比较纤细，显得您的脸特别秀气；而且戴着它有摆动感，能时时提醒您放松肩部和手臂，更能凸显出您优美的肩部线条。”

因此，只要我们能够把产品的价值阐述出来，价格高一些也是可以被客户所接受的。

案例78 店员用价值保值和受年轻人喜欢两点理由使客户接受钻石手链

一对夫妇走进了一家珠宝店。

店员陈红走上前说：“欢迎光临××珠宝，很高兴为你们服务！两位有什么需要的？”

妻子说：“我们想买一条铂金手链。”

“您是准备自己戴吗？”

“不是，过几天儿子的女朋友来家里，第一次见面总要送点儿礼物。”

“为什么不选一条钻石手链呢？钻石手链多漂亮，这样更能哄女孩子开心。”

“钻石价格太高了，选铂金手链就行了，你帮我选一条好看的。”

陈红带客户看了铂金手链后，对客户说：“其实铂金手链的价格和钻石手链的差不多，不如我带你们去比较一下，如果你们觉得不好就买铂金手链吧！”陈红边说边拿着客户挑选的铂金手链，把他们领到彩金镶钻的柜台，拿出一条“天使之吻”的钻石手链做比较。

妻子问：“多少钱？”

“8 866 元。”

“太贵了，真的值这么多钱吗？”

陈红把手链放到夫妇面前说：“您看，两条手链，一条中间是由 7 朵小花组成的，而另一条中间是由 7 颗钻石组成的，完全是两种品位。钻石最能体现真诚，因为钻石稀有、高贵、时尚，有句名言说的好：‘钻石恒久远，一颗永流传。’相信您儿子的女朋友也是非常漂亮的，这条钻石手链一定符合她的气质，衬托出她的优雅大方，显得与众不同。”

妻子回答：“钻石好看是好看，但是不保值。”

“钻石同样也保值的，它的价值每年以 20%~30%的幅度增长，最主要的是年轻人喜欢钻石，这款手链在年轻人中很受欢迎。”

看到客户还在犹豫，陈红接着说：“您想想，首饰不像其他东西，用几次就不用了，而是长期佩戴的，哪怕只戴两三年，也是物超所值的。”陈红在计算器上计算后说：“如果按 5 年来算，每天连 5 元钱都不到，况且也不可能只戴 5 年，所以说这绝对是很值得的。”

“好吧，那就要这款钻石手链吧！”

陈红聪明地将本来打算买铂金饰品的夫妇俩引到了钻石柜台，并让他们选择了价格更高的“天使之吻”钻石手链。

当客户提出自己的商品不值这么多钱时，可以采用以下四种方法应对。

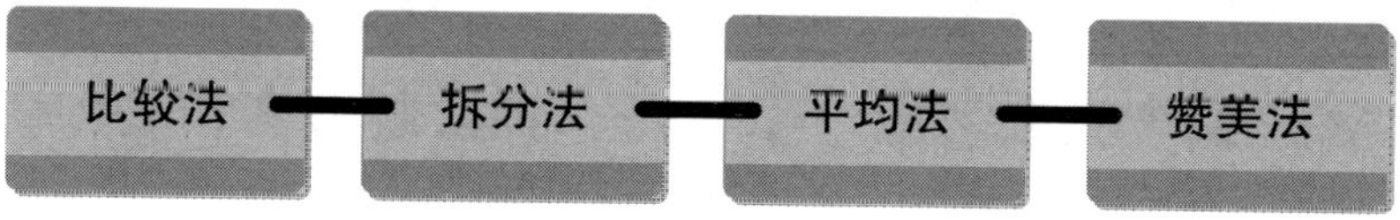

1. 比较法

与同类产品进行比较，比如“××牌的价格为××元，这个产品比××牌的便宜多啦，质量还比××牌的好。”

与同等价值的其他产品进行比较，比如“×××元现在可以买到 A、B、C、D 四样东西，与××相比，咱们的产品真是太值了！”

比较法的关键在于比较性价比，既然无法降低价格，那么只有强调品质。

2. 拆分法

将产品的几个组成部分拆开来说，一部分一部分地来解说，每一部分都不贵，整体来说当然也不贵，比如“这套20 000元的花梨木家具其实没有那么贵，我们这是六件套的，一个茶几、一个长沙发、两个方几、两个单人沙发，这样算下来每件家具只有3 000元多一点儿。”

3. 平均法

将产品价格分摊到每月、每周、每天，尤其对一些贵重物品的销售非常有效。虽然产品价格高，但平均到每一天，价格的数字就已经非常小了，更容易让人接受，比如“这个产品您可以用多少年呢？按 5 年计算，您每天只需花 5 元，就可得到这个产品，多值啊！”

4. 赞美法

对于自尊心比较强的客户，我们可以通过赞美使其心甘情愿地购买产品，比如“先生，看到您的第一眼我就知道您平时很注重生活品位，不会错过享受我们这款产品的机会的。”

销售技巧

销售人员的神情、话语、举止会影响客户对产品的看法。面对客户的异议，我们首先要强调“值！”无论何时都不要流露出犹豫或紧张的神情，始终保持自信，才能让客户信任，才能让客户接受产品。

五、客户说“我要考虑一下”——抓紧解开客户心中的结

当客户说“我要考虑一下”时，如果我们处理不当，可能就会失去一位潜在的客户。

其实在这种情况下，合作机会是非常明显的，只是火候未到。就像烧水时，如果水温只停留在 80℃~90℃，就永远不会开，而要继续加热。当客户说“我需要考虑一下”时，其心中还是有一些顾虑，这时我们需要趁热打铁，想方设法地留住他，了解他“考虑”的背后原因，从而解开客户心中的结，消除其心中的疑虑。

1. 询问法

客户这样说有多种可能：或许他对产品感兴趣，但没有弄清楚产品的某一

细节；或者有难言之隐，比如没有钱或没有决策权；或许这只是客户的推托之词。因此，我们要利用询问法先将客户拒绝的原因弄清楚，再对症下药。

案例79 销售人员主动询问，解除客户疑虑，挽救了快要失去的订单

方晴是一家装饰品公司的销售人员，自从她几次拜访客户以后，已经就装饰品的采购问题进行了初步沟通，但客户还没有给出答复。为此，她这一次给客户打电话跟踪询问。

方晴："李经理，您好，我是方晴，××公司的。"

客户："你好，请问有什么事情吗？"

方晴："是这样的，我昨晚看到一则新闻报道，两广一带遭到台风袭击，所以今天早上特地打个电话问候一下您，不知贵公司那边有没有受到什么影响？

客户："这边没什么大的影响，谢谢你的关心。"

方晴："那就好！我听天气预报说过几天又要有台风登陆了，您这几天要注意安全。"

客户："好的，谢谢你！"

方晴："顺便问一下，上回我们谈到的关于采购一批装饰品的事情，确定选哪一款了吗？"

客户："哦，我们还没有定下来，需要再考虑一下。"

方晴："您说得对，多考虑考虑的确比较保险。李经理，能请教您一个问题吗？"

客户："请讲。"

方晴："请问您能告诉我您心里有什么顾虑吗？看我能不能帮得上您。"

客户："说实话，小方，我知道你的为人非常好，但我还是很担心产品的效果。"

方晴："李经理，您说得对，我在购买产品之前也会认真考虑，考虑购买这个产品值不值得，能不能达到预期的效果。这样吧，为了让您放心，我提供一些以前服务过的客户名单，并把他们的联系方式给您，我相信他们能给您满意的答案。"

客户："好的，谢谢。"

方晴："您可以先和他们联系，明天下午两点钟左右我再给您打电话，好吗？"

客户："好的。"

方晴利用询问法让客户说出了心中的疑虑，然后站在客户的角度上考虑并且提供了解决方案，提高了成交的概率。如果直接答应客户"考虑一下"的请求，那最后很有可能会失败。

2. 假设法

人们都害怕失去，我们可以利用这一心理，假设马上成交客户可以得到哪些利益，反之则会失去哪些利益，以此来迅速促成交易。

例如，这样对客户说："刘先生，您一定对我们的产品很感兴趣吧？假如您现在购买，可以获赠××元的礼品。我们这款产品供货非常紧张，现在有许多人都想购买这款产品，如果您不及时决定，可能要等很久才能买到了。"

销售技巧

客户心存疑虑，自然无法放心大胆地购买产品。因此，我们必须先解除客户的疑虑，可以通过询问了解其内心的想法，设身处地地为其考虑，并提供解决方案，以此来消除客户对产品的不信任感。

六、客户说"我过两天再来"——采取挽留策略

我们经常会听到客户说："我过两天再来……"。从字面意思上来看，客户今天不买，两天后会再来看看。但稍有经验的销售人员都知道，客户往往再也不会来了。这时销售人员难免会失望，甚至还会将失望的表情流露出来，接下来对客户简单说几句客气话，连送客户的心情都没有了。

直接下定论未免过于草率，立马放弃客户更是莽撞。客观地分析一下，这里面还是有挽回的机会的。"过两天再来"这句话其实留有余地，在这句话的背后可能有以下三种情况。

1. 客户有比较着急的事，准备过几天再来

如果客户中途接到电话，遇到紧急的事情，就可能会出现这种情况。若确实是今天买不了，客户往往会解释一下具体的原因，并且会明确说明再来购买的时间，而且离店的动作也会很快。这种情况下，客户解释原因时表情很正常，

神态也很自然。

2. 客户有购买意愿，但在其他方面有疑虑（主要是价格）

这意味着客户还要再考虑考虑或到别的店看看，同时以此来给销售人员施压，令其提出更好的条件来。

客户只是嘴上说“过两天再来看看”，但说出后不会马上有离店的动作，明显是在等待销售人员的反应。

3. 客户已确定不买，不好意思直接拒绝

客户觉得销售人员接待了自己这么久，最终还是不买，有点儿不好意思，于是用这个借口来回应销售人员，让大家有台阶下。

这时客户的心里多少有点儿愧疚，往往会面带笑容地赞扬一下门店或是销售人员的服务。

无论哪种情况，销售人员都不要轻易放弃，需要采取挽留策略。

01 向客户提供产品的详细资料，用产品资料来挽留。若客户肯拿着资料多看一会儿，出现转机的机会就会增加。

02 向客户索要名片或联系方式，如果客户肯留下联系方式，销售人员就可以继续跟进。

03 以检查库存为名询问客户规格和样式，这样能延长与客户的交流时间，也能侧面暗示客户他想要的产品库存紧张，使其产生紧迫感。

04 先自我批评，承认自己做得不够好，这样能引导客户说出他拒绝的真正原因：到底是产品，是销售人员，还是其他方面。

案例 80 医疗器械店销售人员三次挽留，让犹豫不决的客户最终购买护腰

崔雪是一家医疗器械店的店员，一天下午，一位女孩来店内为其母亲购买护腰。崔雪很耐心地向女孩分别介绍了几种不同类型的护腰。女孩听了十分犹豫，最后她说：“我过两天再来看看吧！”说完，女孩看了一眼商品就打算往外走。

崔雪明白，一旦女孩走出店就很有可能不会再来了，于是说：“请等一下，我刚才介绍得可能不太清楚。您可以再详细地看一下产品介绍。”她一边说，一边把产品介绍递到女孩手里。

女孩伸手接过产品介绍，但还是没有留下来的意思。崔雪又说：“这样吧，您给我留一个联系方式，我们这里做优惠活动时可以及时通知您，好吗？”

女孩摇摇头说：“算了吧，我就是随便看看。”

看到女孩仍然很犹豫，崔雪有些不明白了。女孩明明对护腰很感兴趣，产品也不错，可是她为什么还要这么坚决地离开呢？

崔雪问：“不好意思，我的服务可能有些不到位，请问您还有什么顾虑呢？”

这时，女孩终于说出了自己的想法，由于家在外地，母亲不能来店内试戴护腰，她不知道给母亲买多大的护腰合适，所以想先看看产品，等回老家测一下母亲的腰围后再买。

崔雪当然不会就这样放过这次机会，经过与女孩交流，崔雪得知她母亲的体型微胖，然后找来了三位同事，对女孩说：“美女，您看这样好不好？我们店有这几位偏胖的同事，体形也不一样，我们一起帮您试试这个护腰，您看看哪个尺码更适合您母亲？”

女孩脸上露出笑容，说道：“可以，谢谢！我妈妈爱美，我正好看看她戴上哪个更好看，更合适。”

于是，在几位员工各自试戴3种不同品牌、不同尺寸的护腰后，女孩说：“我妈妈能戴这一尺寸的，就要这款吧！”购买护腰后，这位女孩一边道谢，一边笑着离开了医疗器械店。

挽留客户是一切后续工作的前提，采用以上四种挽留方式，可以在尽量减少客户厌烦的基础上，使其说出自己心中的顾虑和疑惑。

销售技巧

客户说出“我过两天再来”这句话，背后有各种各样的原因。但不管出于什么原因，我们都要继续跟进，采取挽留策略，想尽办法找出其内心的真正顾虑，不让销售机会白白丢失。

七、客户说“我没有预算”——提出预算金额范围

很多人认为“谈钱伤感情”，一遇到客户说“我没有预算”就陷入自我逃避的状态，不去追究预算方面的问题，最后的结果不是直接被对方拒绝，就是在价格上被对方压倒。

其实在现代商业社会中，金钱非但不是万恶之源，而且必不可少，一切交易的最后都会归结为谈钱。面对客户“没有预算”的借口，我们一定要主动询问，探求客户的心理承受范围，没有一个客户会在谈判时对预算一点儿概念都没有。

A 摆正心态　　B 提出范围

1. 摆正心态

放下自己对谈钱的抵触，用心平气和的态度来与客户谈论预算金额。不会“谈钱”也就不会挣钱，如果过度逃避，就有可能将时间和精力浪费在根本不需要产品的客户身上。而且如果我们不知道客户的预算，又怎么帮客户制订相关的计划，拟订合适的策略呢？

2. 提出范围

“王先生，其实与我们合作的很多客户都是没有预算的，这是很正常的。但是，相似的客户一般投资的金额在 X 和 Y 之间。您觉得这个投资的范围可以接受吗？”

“刘先生，是因为您觉得我们会提出一个高得离谱的数字，而不给您提供低价格的选择吗？还是因为其他原因呢？当我们与客户合作时，都是将对方视为合作伙伴的。合作关系的基础是彼此的信任，您觉得我们该怎么做呢？”

案例 81　销售人员主动出击，让“没有预算”的客户报出心理价位

薛胜是瑞士某工程机械设备制造商在中国的项目型销售人员，最近了解到北京某大型建筑承包商承接了一项高速公路改扩建工程，需要用到大型的切割设备，而且极有可能一订就是多台。得到这个消息后，薛胜与该公司的崔经理取得了联系，并立刻动身赶往北京。

见面后，崔经理倒是还算客气，愉快地接待了薛胜，但当薛胜想进一步商

谈项目时，崔经理却说自己没有预算。这就让薛胜为难了，没有预算的项目薛胜根本无从下手。

经过仔细考虑，薛胜觉得客户并不是真的没有预算，只是因为自己公司的产品是进口品牌，价格昂贵，客户害怕一开始就提出预算会吃亏。

想明白以后，薛胜说："崔经理，没有预算也没问题，我们的很多客户都是没有预算的，这很正常。但是，像您这样的大公司一般投资的金额都在××万元。您觉得这个投资金额可以接受吗？"

崔经理摇摇头，说："这个价格太高了，预算肯定无法通过。"

薛胜并没有灰心，而是继续说："崔经理，我知道一个管理完善的事业需要仔细地编预算。预算是帮助公司达成目标的重要工具，但工具本身须具备灵活性，您说对吗？我们的切割机是瑞士进口品牌，性能如何我想就不用多说了吧？事实上，您要求的 5 000 瓦以上的切割机，国内的厂家虽然有实力制造，但性能很不稳定。性能优越的产品能帮助贵公司提升业绩，增加利润，您或许应该根据实际情况来调整一下预算。"

崔经理想了想，说："你们的产品确实不错，可是价格太高，我们根本无法接受。"

薛胜问："那您认为多少钱比较合适呢？"

崔经理回答道："××万元是我们的底线。"

……

就这样，双方进入了正式谈判的阶段。

向客户提出预算范围是一种很正常的行为，哪怕客户之前没有做过相应的预算，心里也会有一个大致的范围。向客户提出预算金额的范围，实际上是一种引导客户的方法，可以挖掘出客户的预期需求。

销售技巧

在销售活动中一定要勇敢地谈钱，不要因害怕被对方拒绝而逃避，一定要坚持弄清楚对方的预算范围。这是对自己负责，也是对客户负责。谈钱并不伤感情，能把业务做好才是最重要的。

第十章

价格谈判，要有投石问路的销售智慧

销售策略

一开口报价就被客户拒绝？一遇到客户砍价就妥协？一出现僵局就手足无措？为何沟通中总是在价格上摔跟头？很好的项目为什么总是收益很低？如果学不会议价技巧，再好的交易也无法获得利润。

一、报价要有弹性——不要一开口就报最低价

不管销售人员最开始的报价是高还是低，其得到的回应几乎总是“价格高了”。很多销售人员害怕报价过高会把客户吓跑，于是往往在第一次报价中就将价格压得很低。

但就算自己开最低价，客户也不会停止讨价还价，因为他们并不知道价格底线，依然会怀疑销售人员抬高价格，所以总会在价格上与你针锋相对，直到接近或者低于价格底线为止。因此，我们在报价时应留有余地，让客户有讨价还价的空间，自己也有降价盈利的空间。

案例 82　销售人员灵活的报价技巧让顾客产生购物的快感，从而愉快支付

王霄虹在一家服装店看到一条非常漂亮的裙子，决定买下来，但在谈论价格时很失望，因为店家坚决不让步。裙子标价 388 元，王霄虹希望能再优惠一些。店家说：“没看见我们门口写的字吗？谢绝议价！如果您不能接受这个价格，那就别买了。”

听完这话，王霄虹火冒三丈，对店家说：“我没看见，谁稀罕在你这儿买！”于是王霄虹非常生气地离开了这里。

后来，王霄虹在另外一家店看到了同样的裙子，标价也是 388 元。她还没开口，店家就笑盈盈地说道：“喜欢的话可以先试试，如果穿着合适，我们会有优惠。”听到这话，王霄虹非常高兴，穿上以后发现很合适，挺漂亮，便让店家优惠一些。

店家笑着说：“其实这条裙子也没多大的利润，但是看您穿着这么合适，想要特意去找这样的模特还找不来呢，您穿着就相当于给我们店的服装做宣传了。这样吧，给您打八五折吧，330 元。”

王霄虹接着说：“这个价格实在太贵了，我接受不了，再优惠一些吧，给我一个最低价，我以后会经常来的。”

店家也知道王霄虹是真心想买，所以又说：“您这个小姑娘，怎么就让我不忍心拒绝呢。好吧，我给您一个我们店的 VIP 客户才能享受到的折扣吧，七五折，291 元。这可是最低价，不能再低了。”

就这样，王霄虹开心地买下了这条裙子，虽然她知道店家仍然赚很多，但并没有觉得吃亏，反而觉得很值。因为她觉得对方为其做了很大让步，这种感觉让她很喜欢，有购物的快感。

给客户留有余地也是给自己留有余地，让客户有讨价还价的空间，自己也有表现诚意的空间。很多客户并不喜欢一口价，哪怕给出的价格的确很低，也不如给他们一个讨价还价的空间，以便满足他们喜欢砍价的心理。通常情况下，客户是不会相信销售人员第一次给出的价格就是最低价格的，所以如果不给他们留有议价的余地，很难让他们心甘情愿地购买。

另外，如果不给自己留空间，还有可能因成本上涨等因素使自己的利益受损。

案例 83　外贸业务员真诚报低价，却让自己左右为难，无奈放弃订单

外贸业务员董阳最近遇到了 -个棘手的问题。

董阳在 Trade Key 获得询盘后进行跟进，了解到客户是中间商，向客户报了一个比较低的价格（报价有效期一个月），但就在这一个月里出事了。在这期间成本上升了，产品价格也在原有报价基础上涨了 20%。

客户表示不能接受，要求维持原价，公司表示只能降低 5%。面对这种情况，董阳左右为难，只能无奈地放弃了订单。

需要注意的是，报价有弹性并不是非得报出一个虚高的价格。不同的产品、不同的市场行情、不同的销售方式有不同的规则，具体应该留有多少余地比较合适需要经过仔细分析。

报价保持弹性是为了留有降价的余地，让客户感受到我们让步的诚意，使其体会到成功的满足。因此，如何让步也是我们需要掌握的一项技能。

销售技巧

李嘉诚说：“如果 10%的利润是合理的，11%的利润是可以的，那我只拿 9%。”同样，报价高是一种谈判手段，最后的成交价格尽量合理，否则赢的是一场交易，输的是我们的信誉。

二、看不到回报——不做单方面让步

小到市井小贩，大到跨国公司，价格谈判都是一个不可缺少的过程。事实上，价格谈判就是一个相互妥协的过程，但谈判需要的不只是妥协，还要有自信和耐心。在谈判环节中，谁单纯地做让步谁就输了。

那么，我们到底要怎样做呢？

1. 不做单方面让步

不做单方面让步，每一次让步都要得到对方的回应，比如“如果您能现款提货，我可以在价格上给予 5%的优惠”或“如果您的订货量比较大，在价格上我可以给您下调 3%”，这样既会让客户感觉到物有所值，在价格上也有回旋的余地。

在这一点上，我们要遵循以下原则。

1. 双方的让步幅度要大致相同
2. 双方的让步要同步进行
3. 让步是为了换取利益
4. 让对方懂得我方做出的是重大让步
5. 给自己设立一个高期望

2. 把控幅度

价格让步的幅度直接关系让步一方的利益，理想的方式是做递减式让步，也就是让步幅度逐渐变小，让步时间逐渐延长。这样做可以做到让而不乱，成功地避免对方无节制地提出让步的要求。

3. 学会抵抗

得不到的才是最美好的，太容易得到的东西总是让人不珍惜，在销售过程中也是这样。要想让自己的让步显得有价值，就要让客户努力争取能得到的东西。当客户固执己见时，我们也要节节抵抗，处处设防，不要太快让步，也不要急于给对方提供额外的服务。

案例 84　连连降价讨好客户，销售人员把自己逼上绝路，无奈放弃订单

陶云德刚进入销售行业没多久，在价格谈判时总是非常心急。有一次，陶云德与一位意向客户谈判，当他提出报价时，客户表示报价过高。

听到客户说报价高，陶云德马上说："赵总，您看，我们可以在报价的基础上降低 10%。"

没想到客户还是不答应："你们的价格还是太高，我们再考虑考虑。"

陶云德想都没想，就说："好吧，一口价，我再降 5 个点。"

客户想了一下，说："好吧，我们开会研究一下。"

一个月后，陶云德再次拜访客户。

客户说："小陶，我们决定购买你们公司的产品，但你们还要再降 5 个点。"

陶云德虽然非常想拿下这个订单，但是他已经将自己的价格降到最低了，只好说："对不起，李总，我给您报的已经是最低价了。"

客户生气地说："小陶，你真是太不实在了！你的竞争对手可又给我降了 5 个点，你看着办吧！"

陶云德只能无奈地离去。

精明的买家总是认为卖方不会将价格一次让到位，他们总是试图让卖方一再让步。谈判就像打牌，如果轻易地将自己的底牌都亮出来，那最后拿什么去和对方进入下一轮谈判？

4. 预设目标

谈判之前就要给自己设定一个目标价格和最低价格，这样才能在让步中做到有节有序。如果我们没有一个明确的目标，就很容易跟随对方的节奏去行动，最后将自己逼入绝境。

销售技巧

谈判是一种很容易让人紧张的活动。要想在谈判中实施自己的计划，首先需要保证自己有一个稳定的情绪，不因对方和环境的影响而产生太大的情绪波动，否则用再多的技巧也无法成功。

三、打消客户还价的想法——多重报价，让客户选择方案

不论我们销售的是什么，不论我们是刚入行的销售新手还是经验丰富的销售精英，都要经历与客户讨价还价的阶段。怎样应对才能避免陷入讨价还价的困境之中，在价格问题上杀个昏天黑地呢？最好的办法不是在讨价还价中击败客户，而是先发制人，在报价时就将对方的出路堵死，让对方无价可还。

多重报价就是给客户提供多种选择方案。如果我们只提供一种方案，客户就会尽可能地砍低价格，而如果从高到低给出多种方案的报价，客户的注意力便会从“我要还价”转移到“哪种方案更合适”，根据自己的要求和资金从中选择一个最适合自己的方案。

多重报价最大的好处在于将销售人员与客户的角色从对立转向协作。当我们提供多重报价时，客户就会感觉是自己在主动选择，而不是被动接受，这样一来，爆发价格争论战的可能性就小多了。

案例 85　多重方案打破谈判僵局，美方最终接受第三种方案

我国某玻璃厂厂长率团与美国欧文斯公司就引进先进的玻璃生产线一事进行谈判。双方在价格问题上陷入了僵局，美方提出的价格让我方根本无法接受。

这时，我方首席代表虽然心急如焚，但还是尽量冷静下来分析形势。他发现，如果就这样说下去，就可能越说越僵。于是他聪明地改变了谈判的战术，由直接讨论变成迂回说服。

“目前，我们的确有资金方面的困难，无法满足贵方的要求，这一点务必请贵方理解和原谅，而且我们希望在我们困难时，你们能伸出友谊之手，为我们将来的合作奠定良好的基础。”

“为了表示我方的诚意，我方提几种方案：第一，降低价格；第二，分期付款；第三，部分引进。也就是说……”

分期付款和降低价格都是美方无法接受的，而我方提出多个方案的目的就是让对方感到自己有选择权，通过选择方案转移价格方面的矛盾。

果然，美方坚决地拒绝了前两种方案，在我方人员的劝说下采用了第三种方案。

我方谈判人员用多重方案的方式让双方从价格争论中解脱出来，转而去讨论哪种方案更合理，从而使双方达成一致。

那么，多重报价有什么技巧呢？

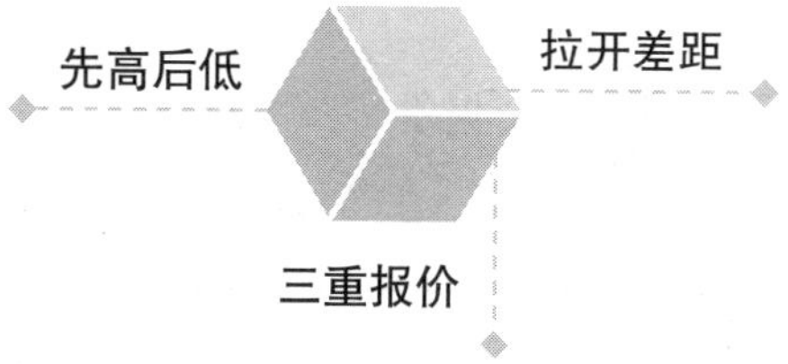

1. 先高后低

我们可以运用锚定效应，将最贵的产品最先推荐给客户，当我们为其介绍其他价格稍低的产品时，客户的心里总会想起第一个接触的产品。在这种心理作用下，客户即使不购买最高价格的产品，其购买产品的价格也不会太低。

2. 拉开差距

多重报价要有区分，如果每项报价都很接近的话，不但不能让客户有选择的余地，还会使其左右为难。

在介绍几种方案时，一定要有所侧重，高价的就先强调质量，低价的就先强调价格。

案例 86 “专一”而“精”的苹果也在追求价格上的“全面”

一般认为，三星产品与苹果产品的区别是：三星产品覆盖多个价位段，特点在于广；苹果公司每年只推出一两款手机产品，特点在于精。但是，实际情况并不是这样。

2009 年，从联通引进 iPhone 3GS 开始，苹果的每款产品销售周期几乎都在 3 年左右。事实上，自 2011 年开始，中国市场一直同时在售 3 款苹果手机。

每一次新品发布时（或发布后一段时间），苹果官方都会根据市场情况对往期版本进行价格调整。基本上，各个版本之间形成了价差约 1 000 元的产品线布局。

在 iPhone 6 上市之前，官方价格 iPhone 5S 为 5 288 元，iPhone 5C 为 4 288 元，iPhone 4S 为 3 288 元。在 iPhone 6 上市前的 3 个月内，3 款产品价格都在

不断下探。iPhone 6 发布的同时，也对当前在售的产品价格进行了调整。

苹果公司明白，只有多重选择才能吸引更多客户的眼光，一款新机上市的同时，还有旧机型在填补中低端市场。另外，即使是同一款手机，苹果公司也会采用多规格、多报价的形式来满足不同客户的不同需求。

3. 三重报价

多重报价中一般需要拟订三个报价，一个高价高质的，一个居中的，一个低价低质的。

次序	1	2	3
价格	高	中	低
质量	高	中	低

不过，多重报价的方法并非万无一失，有些招标文件的标准十分严格，禁止多重报价，因此多重报价一定要在客户允许的范围内使用。有些客户可能会要求用最低的报价买最高报价的方案，也有可能要求拆分每项组合，在每个小项上进行讨价还价，甚至自己拆分组合其他方案。

面对客户的要求，我们要从容应对，可以从方案中去掉一些对客户来说不太重要的项目，也可以让客户提供一些有用的条件作为交换，如提前付款。

销售技巧

多重报价的目的是避免客户可能出现的议价，但议价也是无法完全避免的。出现这种情况时，我们一定要坚守价格底线，否则多重报价不但起不到应有的作用，还会被对方拿来作为议价的工具，压缩我们的利润空间。

四、转身离开——不让对方有商量的余地

谈判桌上需要的不只是谈判技巧和专业技能，还有破釜沉舟的勇气和敢于拒绝的魄力。坚持是谈判中的一项重要能力，但无谓的坚持不但不能获得收益，还会降低自己的地位，将谈判变成乞求。

谈判双方的地位是平等的。如果对方提出过分的条件，一定要及时停止谈

判，转身离开，让对方尝到失去和失败的滋味。作为一种谈判的施压方式，“转身离开”所起到的作用比谈判桌上的长篇大论有时要有用得多。

这个世界上没有一笔交易是“必须得到的”，也没有一位客户是需要“不惜一切代价争取的”。哪怕前期投入再多，一旦不能继续，也要有放弃的勇气，否则会遭受更大的损失。

案例 87　中方利用退出谈判将科威特的权威专家说服，最终促成合作

我国打算与突尼斯某公司合作开办一家化肥厂，谈判进行得很顺利，初步拟订在东部某港口建设。这时，科威特石化公司参与进来了，双方合作变成了三方合作。

没想到，三方第一次谈判就出现了大问题。科威特石化公司董事长在听完前期准备工作的报告后说：“你们前面所做的一切工作都是徒劳无功的，全部工作必须从头开始！”

听了董事长的话，中方和突尼斯方都感到十分惊讶。要知道，双方在前期准备工作中投入了大量的人力、物力、财力，花费了 3 个多月的时间，动用了 20 多位专家。

但是，没有一个人敢站起来质疑董事长的话，因为他不但是科威特最大的石化公司的董事长，还是国际化肥工业组织的主席，在化肥行业拥有极高的权威。

就在大家都敢怒不敢言时，中方的一位代表猛然站起身来说：“为了建这个化肥厂，我们安排了一处接近港口且地理位置相当优越的场地。当时许多合资企业都出高价争着要用这块地，我们都拒绝了。如果现在按照董事长的提议，将事情拖延下去，我们只好把这块地方让出去。对不起，我还有别的事情要处理，我代表地方政府宣布退出谈判。”

说完，这位代表留给董事长一个潇洒的背影，带着自己的随员离开了。

半个小时后，一位科威特石化公司的工作人员找到了那位政府代表说：“我们对刚才的矛盾表示歉意，决定立刻征用这块土地，希望市长先生能回去继续谈判。”

当谈判再次开始时，科威特石化公司董事长的态度大大转变，很快就签订了三方协议。

有时“走为上”的战术在面对强势对手时能起到巨大的作用。当我们离开了客户，客户才会意识到我们的重要性，才会选择妥协、让步来换取谈判的正常进行。

1. 储备客源

无法做到“转身离开”的销售人员可能会让自己处于一种恶性循环之中。

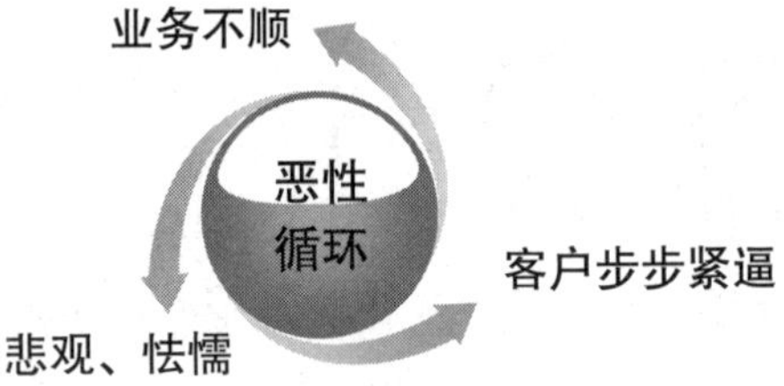

失败的销售人员会带着一股悲观的情绪，在谈判中毫无底线，表现得犹豫不决；有经验的客户就会利用这一点对其步步紧逼，获得巨大的利益。谈判中即使靠无底线让步达成一致，销量上去了，但利润反倒更低了，将自己置于更加失败的境地。

摆脱这一切的关键在于有效地开发客户，有充足且优质的客源，并能准确地分析出适合自己的目标。

当我们有充足的销售渠道时，就有了在谈判桌上转身离开的底气。放弃那些无利可图的机会，节省自己宝贵的时间，把精力放在更有价值的客户身上。

2. 坚持信念

敢于转身离开的人都有很强的自信心，认为自己能为客户提供物超所值的产品和服务。当谈判破裂时不只是自己有损失，客户也会因此失去一个宝贵的机会。

如果我们认为自己提供的产品或服务很廉价，就会以一种自卑和乞求的心理来面对客户。没有人会相信一个死缠烂打的销售人员会给自己带来优质的产品。

3. 把握时机

如果对方咄咄逼人，寸步不让，而自己身处弱势，无力还击。如果屈从于对方，就会损失巨大；如果强硬对抗，无异于以卵击石，螳臂当车。此时就是我们转身离开的最好时机。没有什么比终止谈判带给对方压力更大的了，我们可以通过这个动作给对方释放一个信号：如果你给不了满意的结果，我宁可放弃。

当然，如果没有发展到这个地步就转身离开，会被对方认为没有诚意。只要还有谈下去的空间，就没有必要立刻离开。

销售技巧

不是每一个业务都是必不可少的，选择放弃不但能给对方压力，还能剔除不符合自己的业务，让自己能有更多的时间和精力与更合适的客户沟通。

五、磋商出现僵局——缓和气氛，扭转局面

谈判很少会一帆风顺，如果谈判双方对利益的期望或在某一问题的立场和观点方面存在分歧，很难形成共识，而又都不愿意做出妥协与让步，谈判进程就会出现停滞，甚至陷入僵局。

谈判僵局的出现对双方的利益和情绪都会产生不良影响，这时一般会有两种结果：打破僵局继续谈判或谈判破裂。当然，后一种结果是双方都不愿意看到的。让事情向好的方向发展，就需要付出改变现状的努力。因此，我们应该分析僵局出现的原因，并找到合理的应对方法。

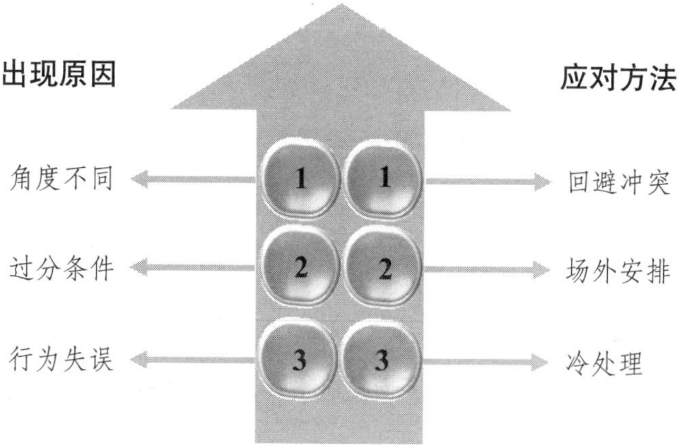

1. 出现原因

谈判僵局的出现，一般有以下几种原因。

- **角度不同**：双方站在对立的角度上看问题，观点自然不一致。从价格上看：销售人员想要高价销售，赚取利润；客户想要低价购买，降低成本。基于双方无法化解的矛盾，在双方自己的角度上看起来很合理的要求，在对方看来可能就是无法接受的。
- **过分条件**：谈判双方的地位不同，一方处于优势，另一方处于劣势，优势的一方可能会提出过分的要求来谋求谈判的主动权。
- **行为失误**：世界各地的文化不同，风俗习惯也各不相同。一些出于好意的言行可能会被对方认为是侮辱的意思。比如，几乎被世界公认的表示“好”的竖大拇指手势在伊朗、伊拉克等很多中东国家却被认为是挑衅行为。

案例 88　忽视文化差异的中方代表用饮酒和猪肉气走了马来西亚的客户

中国某旅行社邀请马来西亚一家旅行社洽谈一笔国际旅游业务，双方约定于某日上午十点在××饭店进行洽谈。

当天，中方派车接马方代表来××饭店，但由于马方代表是第一次到中国，陶醉于中国的美景，以致路上耽误了时间，晚到了一个小时。马方代表时间观念比较模糊，所以他们并没有觉得有什么不妥，但这让中方代表很不悦。

在商讨价格时，因双方提出的交易条件与价格相差较大，中方代表有点儿不高兴，以致在谈判中失去耐心，情绪激励，说话声音很高，且在条件与价格方面不肯做出让步。马方代表年纪较大，认为中方代表的言语举动对他们不礼貌、不尊重。

由于中方忽视了马来西亚的传统文化，在享用午宴的过程中，中方代表为了增进双方感情，特地拿出接待贵宾专用的茅台酒，并极力劝说马方代表饮用，而且菜肴中还有猪肉，都被马方认为没有诚意。

最后，马方代表生气地离开了会场，致使谈判陷入僵局。

2. 应对方法

僵持状态下的双方是无法心平气和地沟通的，因此我们首先需要缓和现场气氛，从而让谈判继续进行。为了打破谈判僵局，缓和现场气氛，我们可以采用以下几种方法。

（1）回避冲突

在谈判中，双方的矛盾一般会集中于一两点上，其他问题谈起来就会轻松得多。因此，我们可以暂时放弃讨论产生分歧的问题，转移话题。另外，也可以用一些与谈判无关的话题来缓和气氛。

案例 89 计算机销售遇到价格分歧后转移话题，缓和气氛后使客户签单

严松是一名计算机销售人员，有一次，他联系到一位事业单位负责人。经过初步沟通，该负责人对严松推荐的计算机表现出了强烈的兴趣，他想把单位的一些老式计算机更新一下，但双方在价格问题上产生了分歧。

该负责人坚决地说："不行，你这个价格太高。况且我们的计算机还能用，我们犯不着花那么多的钱更换。"

严松耐心地解释道："现在市场竞争非常激烈，我们为了业绩已经降低了售价，给您的价格已经是最低的了，实在不能再降了。"

该负责人说："我本来需要 500 台计算机，但以你们的价格，我们的预算只能买一半……"

就这样，双方都不再说话，谈判陷入了僵局。严松虽然表面上镇定，但是内心非常担忧，再这样僵持下去，最后只能以失败收场。

严松站起身，从背后的架子上拿出了茶具："王先生，先来杯茶吧，您喜欢铁观音还是普洱……"就这样，严松将话题转到了喝茶上，现场的紧张气氛马上缓和下来。

等客户的情绪明显好转后，严松说："茶叶可以越陈越好，但电子产品可不一样，更新得很快。可能您觉得我们的产品价格有些高，但我们的价格在市场上已经非常便宜了，这些计算机都是有市场报价的。您是行家，我没必要和您绕弯子，您说呢？"

客户想了想，说："每台至少降 200 元。"

严松说："我们每台计算机的降价幅度是不能超过 100 元的，说实话，对于那些合作多年的老客户，我们也始终没有超过这个范围。如果您真是想更换那些计算机的话，我就给您按这个价，每台再降 100 元，全当您是我们的老客户了，您看怎么样？"

客户点点头说："那好吧！"

在这个案例中，双方提出的价格差异非常大，这时严松和客户的谈判陷入僵局。严松的聪明之处就是没有让谈判直接破裂，而是用转移话题、回避冲突的办法缓和了现场气氛，然后通过介绍让客户肯定了产品，从而成功签单。

因此，只要还具备成交的可能，即使谈判陷入僵局也要想尽办法留住客户。如果不肯让步，说出“就这价，您不买算了”“要不您上别家买去”等态度坚决的话，交易就基本失败了。因此，在谈判僵持不下时可以转换话题，避免和客户产生冲突，这样才能确保谈判在一个良好的氛围下继续进行。

（2）场外安排

如果双方的矛盾非常大，仅凭现场沟通无法缓和气氛，就需要及时暂停谈判。暂停谈判不代表无所作为，有时谈判桌上无法得到的东西可以在谈判桌下得到。我们可以主动邀请客户参加一些娱乐活动，进行非正式接触，这样不但能缓和双方的关系，还能将一些在谈判桌上难以表达的问题说清楚。

（3）冷处理

不处理本身就是一种行动，冷处理能避免过度行动让对方产生误解，也能缓解双方的对立情绪，但这只适合于在谈判中占据优势方或者对方对我们的产品有较大依赖性的情况。如果盲目采用冷处理的办法，就会将客户推向自己的竞争对手。

销售技巧

出现僵局是谈判中难以避免的情况，最重要的是要管控好自己的情绪，不要把谈判本身的矛盾变成谈判人员之间的个人矛盾。无论情况有多糟糕，我们都要保持一种友善的态度，这是谈判能继续进行的前提。

第十一章

持续有效开发客户，销售渠道畅通无阻

销售策略

寻找客源是销售工作的基础。没有客源，也就没有销售，再好的服务或产品都是空谈。因此，开发客户是一项十分重要的工作。如果我们能持续有效地开发客户，销售成功便会水到渠成。

一、开发客户不容易——保持延迟满足心理

20世纪60年代，美国斯坦福大学心理学教授沃尔特·米歇尔设计了一个著名的关于“延迟满足”的实验。

研究人员找来数十名儿童，让他们每个人单独待在一个只有一张桌子和一把椅子的小房间里，桌子上的托盘里有这些儿童爱吃的棉花糖。他们可以马上吃掉棉花糖，也可以等研究人员回来时再吃，这样就可以再得到一颗棉花糖作为奖励。

结果大多数的孩子坚持不到3分钟就放弃了。大约1/3的孩子成功延迟了自己对棉花糖的欲望，他们等到研究人员回来后兑现了奖励，吃到了两颗棉花糖。他们等待的时间大约为15分钟。

多年后的跟踪调查显示，那些可以等上15分钟再吃糖的孩子在学习成绩上比那些马上吃糖的孩子平均高出210分。

这个实验为人们所熟知，但在做决策时，很多人依然很冲动、很轻率。不懂得延迟满足，无法控制冲动的销售人员很容易过早地打扰客户，又过早地放弃客户。

如果见面交谈没有取得明显进展，这类销售人员就会陷入悲观情绪；如果某个业务需要等一段时间才有机会，他就会过早接触；如果他的主动被客户拒绝，他就会选择放弃；如果会议枯燥冗长，他就会忍不住玩手机。这样的销售人员只会将自己的工作置于一种停滞的状态。

研究显示，80%的销售工作是在第4~11次跟踪后完成的。形成鲜明对比的是，80%的销售人员在跟踪一次后，就不再进行后续跟踪，而只有不到2%的销售人员会坚持到第四次跟踪。因此，那些做不到延迟满足的人往往会因为过早放弃而失败。

案例90　报社业务员坚持不懈，将“不可能的”客户变成自己的客户

约翰是一家杂志社的职员，刚到报社当业务员时，他对自己很有信心，向经理提出不要薪水，只按广告费抽取佣金。约翰列出一份名单，准备去拜访一些很特别的客户——公司里的业务员都认为不可能与他们合作的那些客户。

去拜访这些客户前，他把自己关在屋里，站在镜子前把名单上的客户念了10遍，然后对自己说："在本月之前，你们将向我购买广告版面。"

他怀着坚定的信心去拜访客户。第一天，20位"不可能的"客户中，有3位购买了他的广告版面。接下来的几天，他又成交了几笔，等到这个月结束时，20位客户中只剩一位还没有购买他的广告版面。

第二个月，约翰没有去开发新客户。每天早晨，那个拒绝购买广告版面的客户只要一开门，他就进去说服其购买，然而得到的回答都是"不!"每一次当这位客户说"不"时，约翰就假装没听到，继续每天前去拜访。

第二个月的最后一天，对约翰已经连说了30天"不"的客户说："你已经浪费了一个月的时间来请求我购买你的广告版面，为何你要坚持这样做？"

约翰说："我其实并没浪费时间，这个过程对我而言就是一个学习的过程，而您就是我的老师，我一直在训练自己在逆境中的坚持精神。"

客户点点头，接着约翰的话说："我也要向你承认，我也等于在上课，而你就是我的老师。你已经教会了我坚持到底这一课，对我来说，这比金钱更有价值，为了向你表示我的感激，我要购买你的一个广告版面，当作我付给你的学费。"

面对失败，我们要有不屈不挠的精神才能取得最后的成功，其实每个人需要的就是在困难面前坚持再坚持。

保持延迟满足心理的销售人员应该怎么做呢？

1. 有效跟踪

坚持并不是千篇一律，而是根据不同的客户采取不同的拜访方式，不同的跟踪技巧，做到有效跟踪，在每一次拜访客户时都能获得更进一步的信息，哪怕失败也是一种学习的过程。

2. 把控节奏

坚持不懈并不是死缠烂打，一定要让自己与客户的联系显得自然、亲切，既不过于频繁也不过分冷淡。如果自己的坚持让客户厌烦不已，那坚持就没有多大意义了。

3. 冷静判断

并不是每一份订单都是值得跟踪的，并不是每一位客户都是值得坚持的，做好判断，才能避免浪费时间，找到精准客户。

销售技巧

欲速则不达，越急于满足自己眼前的欲望，就越难以获得日后巨大的成功。很多人都明白这个道理，但并非每个人都能做到。因此，延迟满足心理是一项需要长期锻炼，而非一日之功就能达到的素质。

二、忙碌不意味着高效——抽出时间评估销售效果

在这个信息碎片化的社会中，我们极易成为信息过载的受害者。无论是在火车站、咖啡厅，还是行走在大街上，总能看见身边的人目不转睛地盯着自己的手机或平板电脑。看似马不停蹄地在主动或被动地“完成这个”“解决那个”，甚至不放过吃饭、行走或睡前的间隙，将生活变得异常忙碌，致使内省与反思成为一种遗失的美德。

但问题是这样的忙碌真的高效吗？事实上，这些看起来很充实的生活只是一种忙碌的假象，掀开伪装后我们会发现，在这些无谓的忙碌中，大量的时间被用在了毫无意义的事情上，而真正重要的事情却没有时间来完成。

每个销售人员都在吹嘘自己见了多少客户，日程安排得多满，但忙碌不等于高效。大部分的忙碌被无用的事务所占用，没有获得应有的价值。

案例 91　评估销售效果，改变策略后销量不变，利润却提高一半

××公司的产品很优秀，但一直以来销量很差，为了改变现状，他们找到一家咨询公司为他们进行销售指导。

经过调查发现，公司的销售人员很努力，专业知识也相当丰富，工作态度也很认真。但他们公司 80%的利润都是由小部分大客户带来的，而占用了销售人员大量时间的小客户不但无法给他们带来利润，还大量挤压企业的生产能力。

而且，以往的绩效评估将销售额作为标准，致使许多销售人员为了获得订单就大肆压低产品价格，以此来讨好客户，导致公司的很多订单其实没有什么利润，甚至还会亏损。

在咨询公司的帮助下，××公司开始改变自己的策略，放弃一些利润率很低却占用大量时间的中小客户，转而加强开发与维护信誉好、利润高的大客户。半年后，虽然公司的销量没有太大的上涨，但利润上涨了 50%。

如果大量的时间和精力浪费在价值很低的客户上，结果使自己陷入忙碌的假象，却无法有效地获得收益，就必须为此做出改变，每个销售人员都需要在“忙碌”中抽出一些时间来思考以下问题。

我在社交媒体上花费的时间到底给自己带来多少收益？

我选择某些活动是因为这些活动能为我带来客户还是因为我能从中获得开心、愉悦的心理感受？

我联系了多少潜在客户，得到了多少反馈呢？

我与见面的客户有多大的成交率呢？

认真审视自己的业务开展情况，分析自己是高效地活动还是单纯地忙碌。将自己过去一段时间内所付出的成本与收益对比一下，看看自己在哪些方面花费了大量时间却收获很少，哪些方面在短时间内取得很大的成就。

分析完以后，就需要果断放弃那些价值很低的事情，转而重视收益较高的方面，充分发挥自己的优势。

销售技巧

在前进的道路上要学会总结，因为总结是一种智慧。总结、评估自己的销售工作，可以及时发现工作中出现的问题，弥补自身存在的不足，提高工作效率，减少不必要的精力和成本浪费。

三、客户有真伪——在有鱼的地方钓鱼

在没有鱼的地方钓鱼，即使用世界上最好的鱼竿和诱饵，即使是最出色的渔夫，也会一无所获。

习惯于即时满足的人，极易将时间和精力浪费在永远没有结果的事情上，而不去考虑事情本身是否有价值。

每个销售人员都应该思考两个问题：“我是否有必要去拜访这位客户？”“这位客户是否值得我去争取？”如果社交陷入单纯的娱乐之中，拜访变成毫无意义的闲聊，怎么可能成功呢？

我们首先要总结自己的销售经验，找出给自己带来最大利益的那部分客户，根据总结分析这部分优质客户具有哪些特点，然后根据这些特点来评估自己以后遇到的客户。

一般来说，优质客户具有两个方面的特点。

1. 硬件

硬件方面是指客户的公司规模、财务状况、行业特征、发展阶段等。这些是一个客户是否值得合作的外在特征，能在这些方面取胜的客户才有给自己创造效益的能力。

2. 软件

软件方面是指客户的态度和价值观，具体包括图示几点。

软硬件方面需要综合考虑，才能选取优质的客户。与优质的客户合作通常能取得更好的业绩，获得更好的结果。

案例 92　将零买客户拒之门外的麦德龙成了世界第三的超市集团

麦德龙集团是德国最大、欧洲第二、世界第三的零售批发超市集团，自 1995 年进入中国后不断发展，至今已在中国 39 个城市开设 64 家商场，雇佣 9 000 名员工，拥有几百万名会员。

麦德龙拥有的消费群体不是个人和家庭，而是通过会员制的形式（只有申请加入并拥有会员证的客户才能进场消费），锁定具有批量购买能力的终端零售商和机关事业单位。

麦德龙认为，如果商场不限定客户，让所有人都进来，运营成本就要增加，管理难度也将加大。例如，货架上的商品陈列可以一件一件放，也可以一箱一箱放。但如果在货架上摆一箱可口可乐，一件一件地放，要放 24 次。如果整箱放，一次就够了，而且还可从接货处直接用机器将货品摆上货架。

麦德龙选择的是那些愿意成箱购买的客户，而不是那些总是一件一件零买的客户。这样既提高了效率，同时也节约了成本。

限定了客户群，就可以具体分析他们的需求，增加他们喜欢的商品，减少他们不需要的商品，从而优化商品的种类。比如，其他零售超市可能需要40万种商品去满足他们的客户需求，而麦德龙只需要15万种，前者需要的品种是后者的两倍多。

麦德龙只关注目标客户，知道他们需要什么，所以可以做到有效控制品种数目。否则，公司就需要更多的投入、更多的供应商、更多的洽谈……这些都是成本。从技术的角度讲，限制客户范围可以提高经营效率。

麦德龙的会员制虽然将一部分客户拦在自家商场的大门外，却有着明确的目标市场定位，思路清晰。随着时间的推移，客户群体会慢慢过滤，最后沉淀为对麦德龙有品牌忠诚度的专业客户。

销售技巧

80%的价值来自20%的客户，所以需要将20%的重点客户明确作为自己应该关注的重点对象，从而在销售中收拢五指捏成拳，突出重点，全力倾斜，抓住最有效的客户，为自己带来更多的利润。

四、没有寻找客户的时间——不要被无谓的琐碎占据

国外一家权威咨询管理机构对 5 000 名销售人员进行跟踪调查后发现，销售人员仅有 10%的时间投入在有效的销售工作上，其他绝大部分时间花在了无用的琐碎上：处理行政类事务 31%，旅途耗时 18%，私事（包括接私活）处理 17%，帮客户处理杂事 14%，时间控制不紧密的市场开发、客户开发等工作 10%。

更令人值得深思的是，当问及销售人员时间的大概分配情况时，几乎所有人都误以为自己的有效销售时间在 50%以上。这说明很多销售人员不但对时间的利用效

率十分低下，而且本身也缺乏时间管理的意识。

案例93　销售人员的一天：紧张、忙碌，却什么工作都没完成

早晨6点，江河被刺耳的铃声从睡梦中惊醒。他揉了揉太阳穴，头还有点儿疼，昨天晚上喝得太多了，扭头看看闹钟，还能再睡一会儿，养好精神才能去见客户，给自己找了个理由后关掉闹钟继续睡觉。

7点50分，江河手忙脚乱地整理着今天要用到的资料，计算机里的游戏、小说、图片存了一大堆，可那该死的资料放到哪个文件夹里去了？他有点儿着急了，如果赶不上8点5分的火车，他就只能坐中巴去W县。这意味着要在路上多浪费一个钟头的时间，10点钟以后才能见到客户。今天是30号，如果再不收上一笔款，这个月的奖金就又泡汤了。

9点50分，江河坐在中巴上百无聊赖。他突然想起上次见面时，客户拜托他咨询一下买断分公司库存产品的事。如果这件早已答应客户的事情没有办成，客户的心情肯定好不了，也肯定不会痛痛快快地出款！想到这里，江河赶紧掏出手机给经理打电话。一次、两次、三次……听着手机中传出来的占线音，江河无奈地想："月底最后一天，估计经理的手机被打爆了吧？"他只好给经理发了条短信，希望经理能在他见到客户之前给予答复。

10点20分，江河一脸无奈地看着客户的门店经理："什么，你们老板去开A品牌的经销商会了，他带着汇票走的，说开完会以后直接去分公司？"这"老狐狸"说得好听，还不是到了省城见风使舵，哪边风硬哪边倒，哪边政策好跟着哪边跑。前两天还信誓旦旦地准备出款，一看A品牌声势造得挺大，就又动摇了。自己要是早点儿跟经理把库存产品的买断政策要下来，直接压到他仓库里，就稳操胜券了。看来现在只有去其他客户那里碰碰运气了。

10点45分，江河正在跟另一位客户滔滔不绝地讲述着B品牌的经营理念和产品优势，手机突然响了。他接起电话，经理先是毫不客气地臭骂了他一顿，他赶紧走出客户的办公室，一边表示虚心接受批评，一边委婉地为自己开脱。经理最后严肃地告诉他："其他销售人员的款项都已经到位了，不要因为你一个人影响了整个分公司的工作效率！"江河赶紧拍着胸脯表示一定会按时完成任务。

江河挂了电话回到客户办公室，看见客户正在眉飞色舞地跟人煲电话粥。当双方再次开始交谈时，已经11点半了。谈了没有20分钟，客户就开始打电话，呼朋引伴地准备吃午饭。江河看出客户已无意再谈，只好礼貌告辞。

12点45分，江河坐在返回S市的中巴上昏昏欲睡。中午他简单地吃了个午饭，盘算了一圈后，决定去L县再碰碰运气。可是，从W县到L县没有直通的中巴，只能先返回S市，再转车去L县。

下午2点50分，江河刚刚坐到L县的客户面前没有几分钟，手机又响了。S市的批发商打来电话，说上次那个反映空调有质量问题的顾客闹到商场来了，因为时间拖得太久，人家急了，说见不到厂家的人就去消协投诉。江河知道今天收款已经不太可能了，如果再让人投诉到消协，自己就真的完了。只好一边让经销商先稳住顾客，一边急急忙忙往回赶。

下午4点50分，磨破了嘴皮子的江河刚刚把愤怒的顾客打发走，一边琢磨着答应人家的礼品从哪儿出，一边怀着侥幸心理给W县的客户打电话。可惜他希望的结局并没有出现，客户在数落了一番B品牌后，理直气壮地告诉他已经把款打给了A品牌。江河生气地挂掉了电话。

晚上6点30分，江河接到了批发商的电话。对方招呼他出去吃饭，唱歌，打牌。他心想："反正这个月已经这样了，晚上跟他们好好聊聊，希望下个月会好一点儿吧！"

凌晨1点，江河神志不清地躺在床上，迷迷糊糊地觉着今天好像有什么事情忘了。他又一想："算了，明天再说吧！"

江河这一天可谓过得是紧张、忙碌，连午间休息的时间都用来赶路。可他实际又做了多少工作呢？最重要的客户没见到，和其他客户的沟通时间加起来没超过一小时。顾客投诉的问题也没有解决，只是用承诺先把客户安抚下来。

如何摆脱无谓的琐碎，为自己赢得寻找客户的时间呢？

我们可以尝试将自己面对的事情用四个象限来分析。

（1）第一象限

重要且紧急的事，如与重要客户的会面、准时开始的会议等。

这是需要优先处理的事情，任何时候都要将这些事情放在最优先解决的位置。

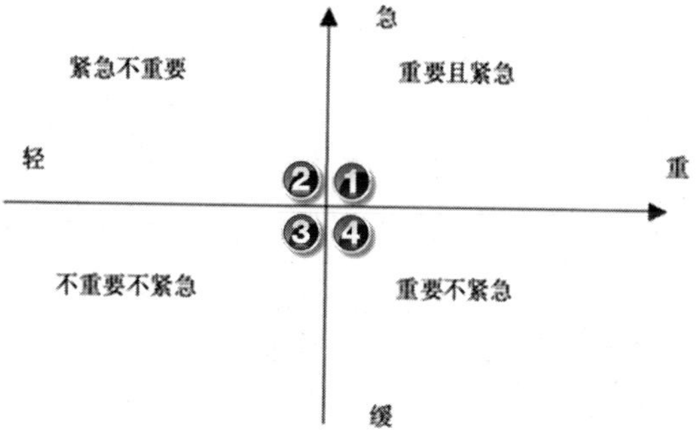

（2）第二象限

紧急但不重要的事，电话、饭局、突来访客都属于这一类。

表面看起来这些事情很像第一象限的，因为迫切的呼声会让我们产生“这件事很重要”的错觉　实际上就算重要也是对别人重要，自己花很多时间在这里面“忙碌”，自以为是在处理第一象限的事情，事实上不过是在满足别人的期望。

再好的计划也需要执行，如果空学一大堆理论技巧，自己依然被一个电话打乱所有安排，那再好的计划又有什么用呢？因此，我们要努力控制自己的欲望，保证自己不被眼前的事情所打扰，按部就班地执行自己的计划。

另外，这些计划不会很快产生效果，需要一个漫长的过程，而这个过程本身就是对销售人员的一种考验。

（3）第三象限

不紧急也不重要的事，如阅读小说、观看电视节目、办公室聊天、娱乐活动等。

这些消遣活动是用来打发时间的，而不是用来挤占工作时间的，但这些事情又很有吸引力，容易让人深陷其中。这就需要我们具有良好的自控能力，拒绝毫无意义的娱乐活动。

（4）第四象限

重要但不紧急的事，包括长期的规划、问题的发现与预防、参加培训、向上级提出处理问题的建议等。

第一象限的事情是由第四象限发展而来的，处理不好这个象限的事情将使第一象限日益扩大，使自己陷入更大的压力中，在危机中疲于应对。反之，在第四象限多投入一些时间，有利于提高自身解决问题的能力，缩小第一象限的范围。做好事先的规划、准备与预防措施，这样很多急事就可以避免。

第四象限的事情不会给人造成紧迫的压力，所以很多人总是忽略，致使第一象限的事情越积越多。我们必须主动去做第四象限的事情，这是传统低效管理者与高效卓越管理者的重要区别标志，建议销售人员把 80%的精力投入到该象限的工作中，以使第一象限的事情无限变少。

销售技巧

放弃眼前无效的忙碌，主动去解决那些非常重要但并不紧急的事情，这才是最大的挑战。我们总是将不着急的事情无限期推后，往往事到临头才意识到问题的严重性。如何说服自己去主动解决那些重要但不紧急的事情，这是重中之重。

五、新客户是老客户的介绍人——利用客户转介绍系统

乔·吉拉德有一句名言："我相信推销活动真正的开始在成交之后，而不是之前。"销售是一个连续的过程，成交既是本次销售活动的结束，也是下一次销售活动的开始。销售人员在成交之后继续关心客户，既能赢得老客户的欢心，也可以借助老客户的介绍来吸引新客户，使工作越做越好，客户越来越多。

"成交之后仍要继续推销"，这种观念使得乔·吉拉德把成交看作销售的开始。他在和客户成交之后，并不是直接忽视他们，而是继续关心他们，并适时地表示出来。

通过客户的推荐和介绍来建立销售网络是开发客户的一项重要方式。根据250定律，每一位客户身后都大约有250名亲朋好友，如果赢得了一位客户的好感，就意味着赢得了250个人的好感。

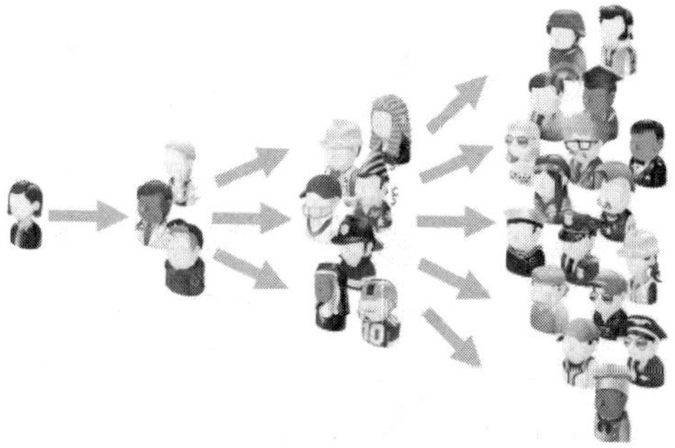

可惜的是，能高效利用客户介绍来开拓销售渠道的销售人员少之又少。在现代快餐式社会中，销售人员习惯了高效率，只看重眼前单项订单的成交速度和利润率，一旦销售结束，就很少再与客户交流了。

销售行业是与人打交道的行业，而且需要与陌生人交谈。销售件商品可以注重效率，速度很快，但赢得一位客户的好感不能以速度来衡量，而需要持续地联系，不断拉近彼此的心理距离。优秀的销售人员能充分发挥老客户的作用，通过转介绍来扩大销售网络。

案例94　坚持回访，销售人员让放弃自己的客户主动为其介绍新客户

最近是汽车销售淡季，孟凯很无聊地在4S店里打发时间，这时来了一位独自看车的客户。

这位客户自称姓于，想了解一下V5车型。孟凯很热情地接待了客户，两人相谈甚欢，但客户最后因为价格问题放弃了V5，选择了竞争品牌帝豪。

孟凯有一个习惯，即使客户放弃了自己，他也会让客户留下联系方式，对客户进行回访。他这样做既可以了解竞争品牌的使用情况，也可以在与客户的

沟通中增进双方的友谊，增加客户推荐自己的机会。

他先是祝贺客户购买了新车，然后又了解了具体的成交价格、车型等信息，最后说："于先生，很感谢您能跟我聊这么多，希望我们下次有机会成交。虽然您没有选购我们的车，但我们仍想为您服务，如果在以后的汽车使用过程中遇到了什么问题，可以随时打电话给我。"

过了一星期左右，孟凯在凌晨一点多接到了于先生的电话，他赶忙问："于先生，有什么可以帮您的吗？"

于先生带着歉意说："小孟，不好意思这么晚了打扰你。我和朋友出来玩时有一辆汽车在经过减震带时熄火了，不管怎么弄也打不着火了。大半夜的也不知道找谁，就想起你了。"

孟凯马上明白，可能是电瓶的接口出问题了，然后指导于先生打开引擎盖检查电瓶。最后，在孟凯的帮助下，于先生顺利地解决了问题，并对孟凯连连表示感谢。

又过了没几天，孟凯再次接到了于先生的电话。于先生在电话里再次对那天晚上的事情表示感谢，并说以后再买车一定来找他。孟凯以为这只是于先生的一句客气话，没想到第二天早上于先生就带着朋友来到了他的公司买车。经过简单地介绍后，客户爽快地选购了两辆车。

后来于先生说："他早就想买两辆商务车，但自己也不太懂，而且这个价位的车区别也不是太大，就想找一个可靠点儿的人。这不，我知道后马上就想到了你，有你这样的服务人员，我们就放心多了。"

一个公司想要持续发展，必须要有老客户；一名销售人员想要取得好的业绩，也必须有老客户。提升自己的交际能力，加强自己与客户的关系，得到客户更多的推荐，这样就能获得转介绍的效益。

那么，如何才能利用好客户转介绍系统呢？

1. 产品效用

买到好的产品，内心非常高兴，自然会有分享的冲动，转介绍也就在情理之中了。因此，要想让客户自发地向周围的人介绍自己的产品，首先要让客户有良好的使用体验。

我们在售出产品之后，要主动和客户沟通确认产品的使用效果，一旦发现产品没有达到预期效果，就要立即采取补救措施，找出问题出现的原因，到底是使用方法的问题，还是产品本身的问题。只有这样才能减少因产品体验不佳为自己造成的负面影响，并给客户留下用心服务的印象。

2. 互惠原则

没有人会无缘无故地为我们推荐产品，要想获得客户的转介绍，就需要为其提供利益，建立双方互惠互利的合作关系。

案例 95 乔·吉拉德发明“猎犬计划”，为其增加三分之一的交易额

乔·吉拉德曾经发明了一个“猎犬计划”。每次在生意成交之后，他总是把一叠名片和“猎犬计划”的说明书交给客户，并告诉客户，如果他介绍别人来买车，成交之后，他可以从销售出去的每辆车中得到 25 美元的酬劳。

几天之后，乔·吉拉德会寄给客户感谢卡和一叠名片，以后客户每年都会收到乔·吉拉德的一封附有猎犬计划的信件，提醒他乔·吉拉德的承诺仍然有效。如果乔·吉拉德发现客户是一位领导人物，乔·吉拉德就会更加努力促成交易，并设法让其成为“猎犬”。

第二年，“猎犬计划”为乔·吉拉德带来了 150 笔生意，约占总交易额的三分之一。

并不是每一位客户转介绍都是出于经济利益，很多客户比较喜欢展示自己，向别人介绍能够满足其自尊心。因此，我们一定要满足客户的这种虚荣心，在接待其介绍来的新客户时一定要表现良好，否则不但无法赢得新客户，还会让老客户感到自己丢了面子。

另外，我们还可以向经常为我们转介绍的老客户提供精神奖励，比如以公司的名义向其发放一些纪念品以示感激，或者邀请其参加公司的一些集体活动。

3. 客户数据

乔·吉拉德每月要寄出去一万多张贺卡。一月祝贺新年，二月纪念华盛顿诞辰日，三月祝贺圣帕特里克日……无论是否买他的车，只要和他有过接触的人都会收到他的贺卡，也就因此记住了他。正因为乔·吉拉德没有忘记自己的客户，客户也没有忘记乔·吉拉德。他创造的这套客户服务系统，被很多世界 500 强公司采用。

其实，客户真正在意的不是礼物本身，而是被重视、被尊重的感觉。很多销售人员不是不愿意去与客户联络感情，只是没有信息和资料而无处着手。要想让客户源源不断地为我们转介绍，就需要建立一个完善的客户数据库系统，详细地记录客户的各项资料。

没有客户资料的销售人员面临着以下三个问题。

遗漏客户

由于缺乏有效的客户资料，很有可能遗漏一些客户，比如说没有邮件地址，就不能发邮件；没有详细地址，就没办法寄送礼物。

没有针对性

不了解客户，就无法做到有针对性，比如说客户是个球迷，销售人员却送了一张电影票，客户很有可能不喜欢。

缺乏特色

没有客户资料，为客户提供的服务就很可能不符合客户的利益，无法体现出自己的特色。

只有建立完善的客户资料数据库，才能向客户提供全面、特色、有针对性的服务。但资料管理本身并不是一件简单的事情，如果客户群体非常大，传统的管理方式根本无法满足需求。

“工欲善其事，必先利其器。”要做好客户转介绍工作，同样需要系统化的工具。有位销售人员通过几年的销售工作积累了上百个客户，最初服务几十个客户时还游刃有余，能使客户满意。可是随着客户数量不断增加，而他本人的时间精力又是有限的，节日祝福就要花掉他很多时间，因为他不想毫无特色地群发短信来敷衍客户，而是自己一个一个地编辑。一件小事情都有如此庞大的工作量，更不要说其他更为复杂的服务工作。

利用一些客户管理工具来辅助管理客户数据才能最大限度地节省自己的时间，为客户提供更多、更好的服务。

销售技巧

要想实现客户转介绍，我们就需要为其提供利益，向其示好，不但能让客户感受到自己的真诚，还会因为不断地坚持产生“利息”，最后收获比自己的付出大得多的收益。

六、潜在客户想要更换合作商——管控情绪，不要一厢情愿

日程表安排得满满当当，与客户见面交谈也十分顺利，当客户表露出想要合作的愿望时，事情真的就像我们认为的那个样子吗？

让我们的努力付诸东流的那些潜在客户究竟在想什么？当客户说“我们现在的合作商实在是太差了，我们应该更换一个更优秀的合作伙伴”时，我们可能会情不自禁地向其介绍自己的产品或服务，将自己的时间和精力都用在这个客户身上。然而，当我们发现客户的话只是一句牢骚时，已经悔之晚矣。

那么，为什么客户会出现心口不一的现象呢？究竟是哪里出了问题？

其实，客户并没有欺骗任何人，当他提出这个问题时确实对合作商有意见，但问题在于，客户对合作商的不满是否足以让他选择更换合作商却是一个未知数。更换合作伙伴需要面对的问题太多了，很多人难以一时决定，我们的客户同样如此。

因此，我们需要控制自己的冲动，不要被客户的话语误导，而是认真地考虑一下：想要更换与真的更换之间有多大的距离。

如果客户提出自己想要更换供应商，我们可以问：“××先生，您对A公司的产品和服务如此不满，但你们之间已经合作了十几年，这证明你们的合作关系还是很牢固的。您遇到了什么问题，让您产生了更换合作商的想法，这个问题足以让您真的下定决心，付出代价去做改变吗？”

如果我们无法确定客户改变的决心有多大，就不要主动介绍自己的产品或服务，而是先打探清楚客户遇到的问题到底给其带来了多大的困扰，原合作商是否能够解决此问题。

案例96　销售人员花费几个月的时间专攻重要客户，却发现一切是徒劳

袁强是北京某电气自动化公司的销售人员，最近正在联系某大型钢铁集团的一位负责人。该钢铁集团原本与上海某电气自动化公司长期合作，因其每年的订单量很大，袁强不想放弃这个机会。如果袁强能成功的话，将会获利颇丰，

因此他一直对这件事情抱有期望。

有一大，袁强私下与负责人联系时从对方嘴里得到一个消息，集团内部有人对原供应商不满，认为他们的设备价格过高，增加了公司的成本。

袁强以为自己遇到了机会，便推掉了其他客户，将钢铁集团作为自己的优先目标。通过不懈努力，他终于联系到了采购部门的王经理。王经理对他的自我推荐既没有反对，也没有支持，只是给了他一些资料让他先分析双方的差距。

袁强很有信心，因为原供应商是一家外商投资企业，价格绝对降不下来，而自己的产品走的就是低价路线，即使跟国内的其他产品相比也属于价格较低的。

为了更加方便地联系客户，袁强直接搬到了钢铁集团所在的 S 市，一边请求公司赶快制订方案，一边逐个拜访有可能影响决策的负责人。

时间过得很快，转眼几个月过去了，就在袁强以为自己胜券在握时却得到一个使其十分震惊的消息，客户依然选择原供应商，而自己所在的公司几个月的人力、物力和财力都白费了。

袁强对这个结果大惑不解。后来王经理告诉他，他的设备虽然便宜，但是在性能上不如原供应商，而且更换一家供应商还需要重新装配，训练员工，这些都是需要集团高层批准并且长期规划才能实现的，不是几个月就能完成的。

大批商品采购的单笔金额大，参与决策的人员众多，决策时间长，而让销售人员最难过的是，可能会遇到最糟糕的情况：“爬到梯子的顶端才发现梯子靠错了墙”。就如同这个案例，袁强为这个项目做了几个月的准备工作，付出了大量人力和物力后才发现，其实从一开始就注定这是一场难于取胜的战争——袁强选错了他的潜在客户，而且是几个月后才认清这一事实的。

选错潜在客户不仅会导致销售失败，而且还消耗了大量时间，公司的投入得不到任何回报，同时也失去在其他项目上成功的机会。销售人员必须明白，不是所有潜在客户都能给自己带来收益。因此，从一开始就谨慎地确定潜在客户的资格是很有必要的。

当然，这样的客户并不是要完全放弃，而是要长期跟踪，但优先性不是很高，要将自己的主要精力和时间放在那些更有希望的客户身上。

虽然大部分客户说这句话是在发牢骚，但也有一部分是真的想要更换合作商。我们不能一听到这句话就马上放弃客户，而要深度剖析客户遇到的问题，根据具体情况决定是否跟进。

我们可以问自己以下四个问题。

1. 是不是机会？

我们每天会接收到大量的销售信息，但很显然这些信息并不都是销售机会，如果对这些信息全部跟进的话，必然会造成公司资源的浪费，还可能错失真正的销售机会。因此，我们必须全面评估销售信息，确定真正的销售机会，选择跟进的目标。

2. 是不是满足条件？

通过分析销售信息明确存在销售机会后，也基本明确了客户的需求，这时我们就要评估自己手中的资源和所能提供给客户的产品、技术方案和服务能否满足客户的需求，如果无法满足则不是真正的机会。

3. 是不是能赢？

能够满足客户的需求只是可以参与市场竞争的基础，能否在竞争中获胜，还需要对更多条件进行评估，如原供应商与客户关系的紧密程度；双方产品、技术方案和服务的差异；价格竞争力等。尽管销售的风险总是存在，但如果赢的可能性很小，那么对是否值得投入，以及投入多少都需要仔细研究后再做决定。

4. 是不是值得赢？

企业投入大量资源赢得的订单，却发现得不偿失，比如资金被占用，利润很少，还带来了资金的风险等，那么这种“鸡肋”不要也罢。

销售技巧

我们一定要学会控制自己的情绪，不以自己的主观臆测作为依据做决定，而是充分考虑多方面因素。只有当自己确定客户这句话不是单纯的抱怨而是真正机会时才能主动出手，将自己的精力和时间投入进去。

七、开发客户一无所获——改变观念，建立乐观心态

很多销售人员都经历过销售生涯的低谷期，努力几个月却一无所获，经常被失败的阴霾压得喘不过气。一个悲观的人头顶上会有散不开的乌云，而这团乌云会给他带来更多的不幸，让他更加悲观。摆脱这团乌云的办法就是让自己变得乐观，全身上下散发着阳光与活力。

很多销售人员遭到拒绝的次数是非常多的，其心理压力也非常大。如果没有坚持到底的信心，是很难在这个行业取得成功的。成大事不在于力量的大小，而在于能坚持多久。

案例 97 李·艾柯卡：一位打败福特的前福特公司总经理

李·艾柯卡曾是美国福特汽车公司的总经理，后来又成为克莱斯勒汽车公司的总经理。他的座右铭是："奋力向前。即使时运不济，也永不绝望，哪怕天崩地裂。"

他在 1985 年发表的自传成为非小说类书籍中有史以来最畅销的书，印数高达 150 万册。艾柯卡不光享受到了成功的欢乐，也曾经历过挫折的懊丧。他的一生，用他自己的话来说，叫作"苦乐参半"。

1946 年 8 月，21 岁的艾柯卡到福特汽车公司当了一名见习工程师。但他不喜欢与机器做伴，对技术工作也不感兴趣，而是喜欢和人打交道，想搞经销。后来，艾柯卡靠自己的奋斗，由一名普通的销售人员，终于当上了福特公司的总经理。

但是，1978 年 7 月 13 日，他被妒火中烧的大老板亨利·福特开除了。当了 8 年的总经理，在福特工作已 32 年，一帆风顺、从来没有在别的地方工作过的艾柯卡突然间失业了。昨天他还是英雄，今天却好像成了麻风病患者，人人都远远地避开他，公司里的所有朋友都抛弃了他，这是他生命中遭受到的最大打击。

"艰苦的日子一旦来临，除了做个深呼吸，咬紧牙关尽其所能外，实在别无选择。"艾柯卡是这么说的，最后也是这么做的。他没有倒下去，而是接受了一个新的挑战：应聘到濒临破产的克莱斯勒汽车公司出任总经理。

艾柯卡，这位在世界第二大汽车公司当了 8 年总经理的事业上的强者，凭借其智慧、胆识和魄力，大刀阔斧地对企业进行了整顿与改革，并向政府求援，舌战国会议员，拿到了巨额贷款，重振了企业雄风。

1983 年 8 月 15 日，艾柯卡把面额高达 8 亿 1 348 万多美元的支票交到银行代表手里，至此，克莱斯勒还清了所有债务。

如果艾柯卡不是一个坚忍的人，不勇于接受新的挑战，而是在巨大的打击面前一蹶不振，那么他就无法取得之后的成就了。正是不屈服于挫折和命运的挑战，艾柯卡成了一个被世人所敬仰的英雄。胜利只属于坚持到最后的人，凡事不能持之以恒是很多人失败的根源。

现在很多销售人员偶尔经历一次失败，就会一蹶不振，垂头丧气，似乎世界末日将要来临。我们在遭遇失败时需要一份执着与坚韧，因为一个人不可能总是一帆风顺，在时运不济时永不绝望的人才有成功的希望。

销售人员如果赞赏并尊重自己，尊重自己的品格和个性，并能发自内心地喜爱自己的销售工作，将其作为自己一生的事业，就会在这种激励下积极地从事其职业，为公司创收，为自己增加业绩收入，为客户创造更多的价值，最终实现多方共赢。

就像马云说过的一句话："一个创业者身上最优秀的素质，那就是永远乐观。乐观不仅是自己安慰自己，左手温暖右手，还要把自己的快乐分享给别人。唯有这样，人生的路才会走得长远。"同样，销售工作也需要保持乐观。面对工作中无时无刻不存在的压力，如何保持一颗乐观的心呢？

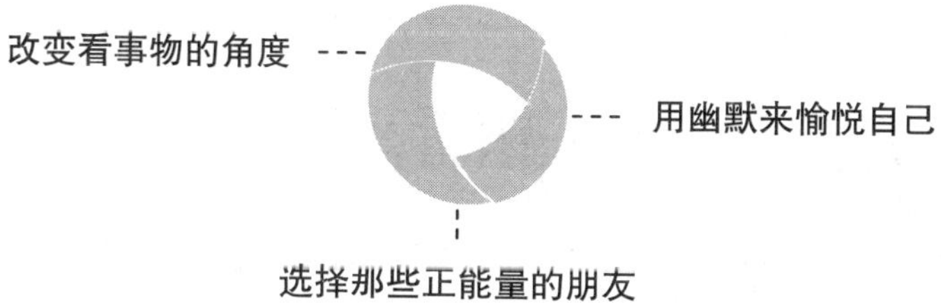

1. 改变看事物的角度

优秀的销售人员在看问题时总是会用不同的视角，比如经济危机发生时，市场不景气，他们会说："这是好事啊，这么残酷的竞争能让那些不合格的竞争者直接被淘汰，自己的竞争对手会更少。"

不管面对什么样的困难，那些乐观的销售人员总会找出有利的方面激励自己，相信一切都会逐渐好转。但是，保持乐观心态不是盲目乐观，而是在充分认识到现实情况的严峻后依然选择乐观面对。

2. 选择那些正能量的朋友

再乐观的销售人员也无法抵抗无穷无尽的压力，因此我们需要借助朋友的力量为自己加油。

心理学家认为情绪是可以传染的：与乐观的人生活在一起，自己就会变得乐观；与悲观者相处，自己也会难过。物以类聚，人以群分。一个人的朋友什么样，他自己也会变成什么样。因此，我们要与那些让自己开心，带给自己正能量的朋友交往，对那些浑身上下散发着负能量的人要避而远之。

3. 用幽默来愉悦自己

生活中并不缺少快乐，只要有一颗寻找快乐的心，一花一树、一草一木都可以让我们感受到快乐。销售工作也不尽是枯燥、无聊和厌烦，有时在话语中适当地幽默一下也无妨，就算无法打动客户，也能调节一下自己的心情，缓和交谈的氛围。

销售技巧

心态决定命运，屡战屡败与屡败屡战的两个人的结果自然是截然不同的。因此，保持乐观心态最重要的一点就是相信未来会变好，即使现在的生活非常糟糕，也要坚信风雨过后便是彩虹。谨记一句话："今天很残酷，明天更残酷，后天很美好。"

八、说得太空洞——用画面性语言表达观点

我们靠眼睛观察事物，整个外在世界在我们面前就像一幅画。我们在思考问题时也经常在脑海中模拟画面，在交流时也经常使用画面性语言来使自己的讲述更形象、更生动。

销售人员要将自己的观点传递给客户，而作为载体的语言能吸引对方多大的注意力，也就意味着自己的观点能够在多大程度上传递给对方。单纯的逻辑性话语很难让人产生感触，比如对客户说："我们的产品能缩短您的生产周期。"这句话很难让客户产生情感上的波动。

为了更好地表达自己的观点，我们需要学会使用更合适的语言——画面性语言。也就是说，用描述画面而非陈述观点的话语来与客户沟通，让客户随着自己的语言描述在脑海中形成相应的画面，由此产生情感波动，使其意

识到面临的问题和产品可以带来的效益。比如，销售人员可以这样对客户说："使用我们的产品，您坐在办公室，喝着咖啡就能掌握整个公司的运转情况。"

案例 98　把西藏美景"画"出来的旅行社接待人员让客户身临其境

魏莹是一家旅行社的门店接待人员，一天，一家三口来到旅行社咨询西藏旅游。

客户问："现在这个时间到西藏去怎么样？会不会太冷？"

魏莹说："您放心，每年的 7 月至 9 月是西藏户外旅游的最佳时间，白天温度基本上都在 25℃以下，晚上在 10℃左右，让人感觉非常舒适。当别人躲在空调屋里不敢出门时，您在蔚蓝的天空下闻着青草的香味，望着远处圣洁的雪山……"

客户说："那就好，我就怕自己没准备好合适的衣服。还有去西藏会不会有高原反应？我听说有的游客一下飞机就受不了，得马上到医院吸氧，是这样吗？"

魏莹说："您真细心，以往是发生过您所说的情况，只是这和个人的身体素质有关，不是每个人都会有高原反应的。您如果担心，我们建议您去西藏时乘火车，回来乘飞机，因为乘火车可以让您逐步适应高原气候。虽然乘火车要两天，但这两天其实也是在享受旅行的过程。火车奔跑在一蓝如洗的天空下，看到雪山离您越来越近，还能看见和您比赛奔跑的藏羚羊，这一路的风景、一路的风情是乘飞机没法儿体验到的。您的孩子这么活泼可爱，肯定也喜欢这种旅行方式。"

魏莹在介绍产品时绘声绘色，巧妙地用语言将客户的异议引导到青藏线的独特风情中，用极富画面感的语言让客户有一种身临其境的感觉。

那么，到底应该如何使用画面性的语言呢？

1. 形容词

使用形容词可以描述出事物的许多特征，使事物特征更形象、更具体。比如，兔子和毛茸茸的雪白兔子相比，后者的画面感明显更强。

2. 修辞手法

常用的修辞手法有比喻、拟人和通感等。

比喻就是打比方，根据联想，抓住不同事物之间的相似之处，用生动、浅显的事物代替较为抽象的事物，使人更好理解。使用比喻可以把不熟悉的事物与熟悉的事物相关联，让客户产生联想，使其更容易理解我们的意思。

拟人就是把事物人格化，把本来不具备人的动作和感情的事物变成和人一样具有动作和感情的样子。运用拟人修辞手法，可以把熟悉的事物变得更加生动、有趣。

通感就是移觉，将视觉、听觉、触觉、嗅觉的描述语互相交错，形成新鲜的感觉，比如“这款香水的气味非常好，只要喷洒上这种香水，您走起路来周围的空气都是香甜的，微风一吹，整个身体仿佛可以奏响缥缈的音乐，使人如梦如幻。”

3. 描述细节

很多销售人员在描述产品时总是泛泛之谈，如果能突出有特色的细节，使客户更清楚产品的使用场景，效果就会好得多。

销售技巧

“画面性语言”不是“描述画面”，毫无感情的描述很难引起客户的共鸣，更不要说使其产生联想了。我们要根据话语的内容和客户的反应调整自己的语调、语速等，在语言内注入感情色彩，这样才能更容易让客户产生联想。

九、动动嘴就能挣钱——电话沟通，一线万金

在电话和手机如此普及的今天，电话销售已经成为一种十分重要的销售方式。但在实际的销售过程中，每个电话销售人员都要处理大量的未知线索，要整理哪些客户已经电访了，哪些还没有电访；哪些有价值的线索需要移交给销售部，哪些需要暂时保存；专业的电话销售人员还会根据客户的不同反应（抗拒、无表态、有意向、态度积极、需求强烈等）把线索细分。

当然，我们还需要做好每天电访客户的计划。因此，我们需要处理的线索与工作量可以用海量来形容。

那么，要想成为一名优秀的电话销售人员，我们到底应该如何做呢？

1. 选择目标客户

准确选择目标客户是电话销售成功的基础。我们的目标客户到底在哪里？哪些客户才最有可能使用我们的产品？这些信息我们一定要非常清楚，否则打再多电话也是徒劳无功。

如果目标客户选择错误，就会出现两种情况：一种情况是目标客户定位错误，使很多市场活动没有取得应有的效果，导致电话数量少，即使电话销售人员再专业，成功率再高，销售业绩也不行；另一种情况是成功率低，虽然电话销售人员每天接触的客户数量很多，但都不是意向客户。

2. 建立客户档案

选择合适的目标客户后，要建立客户档案。这个档案中的客户资料越准确，电话销售的效率就越高，效果也越明显。在以后的销售跟踪中，该档案还可以让自己随时根据客户的变化来选择合适的应对方法。

3. 明确电话目标

大部分的电话销售是一个筛选客户、建立联系的过程，很难凭一个电话就让客户购买。因此，在每一次电话沟通之前都要明确所要达到的目标，也就是电话结束后达到的效果，比如是建立联系，还是介绍产品？是跟踪联系，还是客户回访？

明确目标以后，就要考虑为达到目标需要获得哪些信息，提问哪些问题。如果不能在电话中提出有效的问题，便无法获得客户的信息和真实需求。因此，电话销售中提问的技巧非常重要，应把需要提问的问题在打电话之前就记在纸上，以示提醒。

另外，要提前设想双方的对话内容以及客户可能提出的问题，做好充分准备。如果自己当时无法准确、清晰地回答客户的问题，还要去询问他人或查阅资料，客户很可能因为耽误时间而挂掉电话，这样不利于双方建立信任关系。

4. 说好开场白

良好的开端是成功的一半，开场白对电话销售的重要性不言而喻。很多电话销售人员在拨通客户的电话后，还没做完自我介绍就被对方挂断电话，这是为什么呢？对大多数人来说，电话销售是一种令人难以忍受的骚扰，如果在客户知道我们是销售人员而自己还未使其产生兴趣时，往往意味着这通电话会遭遇失败。

很多销售人员只会用千篇一律的话语来做开场白，一开口就是“您好，我是××公司的××，可以打扰您两分钟吗？”表面看来这是礼貌、合理的电话销售开场白，但当客户听到这种开场白后很容易产生警惕心，甚至反感。

为了在开场10秒内让客户产生兴趣，就需要做出改变，使用一些与众不同的开场白。

“您好，刘经理，我是××公司的××，有件事想请您帮忙。”

“您好，王先生，我有一个能让您的公司效益提高30%的方法，您的竞争对手××已经使用了，您有兴趣吗？”

案例99　“最伟大的寿险业务员”约翰·沙维祺一句开场白变陌生人为好友

约翰·沙维祺是美国百万圆桌协会的终身会员，是畅销书《高感度行销》的作者，他曾被英国牛津大学授予“最伟大的寿险业务员”的称号。

一次，他打电话给美国哥伦比亚大学教授强森先生。

约翰·沙维祺说：“哲学家培根曾经对做学问的人有一句妙语，他把做学问的人在运用材料时比喻成三种动物。第一种人好比蜘蛛，他的研究材料不是从外面找来的，而是由肚子里吐出来的，这种人叫蜘蛛式学问家；第二种人好比蚂蚁，堆积材料，但不会使用，这种人叫蚂蚁式学问家；第三种人好比蜜蜂，采百花之精华，精心酿造，这种人叫蜜蜂式学问家。教授先生，按培根的这种比喻，您觉得您属于哪种学问家呢？”

这一番问话，使对方谈兴浓厚，最终两人成了非常要好的朋友。

5. 言简意赅

电话沟通的时间一般非常短暂，为了提高效率，应该迅速切入主题。不要认为迅速进入正题会冒犯客户，客户最注重的还是实在的利益，只有能为其带来利益的内容才能引起其兴趣，否则说得再好也没有用。

当电话销售人员上班时，接电话的人一般也在上班，客户也不愿意让自己的时间浪费在这种无效的电话上。因此，能节省时间的开场白才是最好的开场白。

"您好，我是××公司的××，您可能对我们的××感兴趣，我向您的邮箱里发了一份产品资料，希望您能及时查阅。"有些人总觉得发给对方的资料会被忽视，但就接电话的一方来说，听到这样的电话还有查阅的兴趣，而那些大篇的介绍只会令其厌烦，还怎么可能有兴致打开邮件查看资料呢？

案例 100 销售人员在阐述业务五大功能时喋喋不休，让客户无法忍受

一家电信增值服务企业主要经营一种名叫"云话"的增值服务，这种增值服务功能不错，价格也不贵，但销量一直不好。

该公司主要通过电话销售来拓展业务，以下是典型的销售沟通范例。

"××先生，您好！我是××公司的业务代表，为了感谢您对本公司的长期支持，最近我们推出了一项'云话'业务，这项业务主要有五个功能：第一项功能是'长途优惠'，第二项功能是'一卡多号'，第三项功能是'语音留言'，第四项功能是'隐藏号码'，第五项功能是'来电转移'。您只需在我们的平台上申请一个账号就可以同时拥有以上五大功能了，月租低至15元。我现在帮您申请，好吗？"

大部分客户在销售人员尚未介绍完时就已经挂掉了电话，因此成交率一直很低。为了增加效益，公司要求每个员工每天必须打300通电话，结果销售人员非常辛苦，成效却不大。

事实上，该公司的销售话语啰嗦得让人很难受，很多人听到这种销售来电时还以为对面是在放录音。这种长篇大论既辛苦了销售人员，也为难了客户。很显然，太过于啰嗦的话语是不适合在电话销售中使用的。

6. 强调自身价值

无论是电话销售还是上门销售，最后还是要靠产品的价值来打动客户。因此，我们在介绍产品时一定要强调产品的特点以及能为对方解决什么问题，能为对方带来什么样的效益。

例如:“许多客户告诉我们，我们的产品帮助他们提高了生产效率，保证了设备的安全性，因此节省了大量的人力、物力。这些对贵公司而言应该也是很重要的。”

销售技巧

电话销售被拒绝的概率比当面交谈要大得多，甚至大部分电话是被对方直接挂掉的。因此，如何在屡屡被拒中依然保持积极乐观的心态是一个电话销售人员应该具备的基本素质，只有亲切悦耳、充满善意的话语才有可能打动客户。

十、销售工具新生代——足不出户也能卖出货

电子商务自兴起以来，逐渐成为消费者购物与企业销售的主要途径之一。归其原因，网络能为企业提供直接面向消费者的平台，这不仅降低了企业的销售成本，使企业获得最大化的利益，还能突出产品销售过程的速度优势，缩短了产品与客户之间流通的时间。网络具有传播广、信息量大等特点，而且企业在网络上投入的成本比传统模式要低很多。

除 B2C（商对客）外，还有 B2B（商对商）、C2C（个人对个人）、O2O（线上到线下）等多种模式。无论是商家还是个人，都可以通过网络方便、快捷地获取自己想要的信息。

案例 101 新房开盘 28 秒房子卖光！手机买房，远程开盘成为新趋势

房地产营销对前沿技术的应用不仅仅局限在营销传播环节，更是深入到交易环节。

2017 年 6 月，杭州融信·澜天开盘，现场异常火爆，场面壮观。开发商使用了“互联网+”的抢房方式，首次应用手机软件抢房。

5 号楼一开出，大屏幕上显示 28 秒全部售罄，震惊业界。

此楼盘的价格预计每平方米 20 000 元左右，但位置优越，各种居住辅助设施齐全，后期发展可观，从一定程度上满足了刚需和政府调控房价的双重目标，因此火

爆是肯定的，但谁都没有想到会如此火爆，以致整个社交平台都“炸”了。

现在越来越多的房企选择在线开盘，甚至是晚上远程开盘，客户直接在家里抢房，置业顾问在售楼处观察抢房情况，这样能实现低调、快速开盘。

目前保利、中海、富力、金地等大型房企都尝试过在线开盘，并取得较好的业绩，“通过手机买房，远程在家开盘”是整个地产行业的营销创新尝试，也将是未来发展的趋势。

杭州融信·澜天通过网上销售的方式将自己的房产推向了一个难以想象的高度，使用传统营销方式无论如何也无法达到这么高的影响力和这么火爆的销售状况。

作为一种销售方式，网络销售越来越受到人们的欢迎，大多想要获得销售成功的商家都开始考虑并运用网络的力量来提升自己的效益。但是，网络销售毕竟与传统销售有所区别。我们在利用网络进行销售时应该注意什么呢？

1. 目标——销售

无论是公司自建网站还是依托电子商务平台建立的网店，都要明确自己的目标——销售。要知道，销售网站不是用来观赏的，而是用来交易的。一般人们喜欢浏览简单、省力的内容，要摸准客户的心思，为其推荐合适的商品，使其不费力便能找到自己想要的商品。

2. 展示——购买

很多人建立网店就像给仓库码货，把所有的产品都列在网店上，以方便访问者从中挑选。但这一思想误导了很多人，使其误以为网上开店就是展示商品。

密密麻麻的商品信息怎么能吸引人们的兴趣呢？展示的目的是为了让客户购买，所以最能吸引人们兴趣的陈列方式才是最好的方式。一般来说，我们应该将最能吸引人的几件商品放在首页，让客户一看到这些商品就忍不住要点进去浏览。

3. 介绍——简洁

客户在网上浏览商品的速度比在实体店快得多，如果无法做到在短时间内使客户产生兴趣，销售就无法取得成功。只有当客户对商品产生了兴趣时，他们才会仔细了解。因此，产品的介绍要简洁，以突出产品的主要特色，激发客户的购买欲望。如果展示太多的内容，会使客户失去阅读的兴趣。

4. 生动——照片

网络销售时，取得客户的信任是非常关键的，所以必须实施一些能让客户很快、很直接地产生信任感的策略。

照片是无声的语言，一般来说，产品照片比单纯的文字介绍更能吸引客户。除了产品本身以外，还可以借用工作场景、企业陈设、人员操作等照片来增加客户对自己的信任。

5. 联系——位置

企业自建网站要注意将自己的联系方式放在最显眼的位置上，不能让客户找了半天才找到根本没找到自己的联系方式，增加客户的时间成本，无疑是在给自己增加成本。最好在每一页上都留下联系方式，如微信号、手机号、座机号、QQ 号、电子邮件地址等。

销售技巧

网络技术的发展日新月异，可能在不远的将来还会出现更新鲜的事物。因此，保持一颗好奇的心，敢于接受新事物是一名优秀的销售人员必须拥有的一项能力。

第十二章

管控自身期望，与客户建立合作关系

销售策略

我们与客户是平等的合作关系，不能一味追求业绩便对客户苦苦请求，这样只会遭到更多的拒绝。如果学不会管控自身的期望，让自己成为追求客户的人，而不是与客户合作的人，我们便无法顺利获得本该属于自己的成就。

一、急于争取见面机会——要建立平等对话

当我们对客户死缠烂打时，有没有想过这种行为会给客户带来困扰，使客户对我们产生不良印象？

自认为高人一等的客户并不是好的合作伙伴，与这种客户交易不但会浪费大量的时间，还得做出很大的让步，也有可能在以后给自己带来无穷的困扰。这种人无法发展成老客户，因为在他们眼里，享受高人一等的地位是理所应当的，不需要为此感到不安。因此，优秀的销售人员会果断放弃这种客户，将自己的精力转移到重视合作的客户身上。

管控自己的期望是建立平等对话的关键，但很多销售人员做不到这一点。他们在要求与客户见面时说："王经理，我知道您现在很忙，我只占用您10分钟时间，要是您不接受我就走，行吗？"当这种话从销售人员的口中说出时，其自身已经不对这次见面抱有希望了。在客户看来，销售人员是在乞求他购买产品，而他就算答应了也是出于同情而非需要。

真正擅长管控自己期望的销售人员具有很强的自尊心和自信心，他们相信自己的产品能给客户带来收益，认为合作是为了双赢。同样，其强大和自信也会感染客户，让客户相信产品能给自己带来利益。

这类销售人员在要求见面时会说："李经理，我对贵公司关注了很久，我认为我们公司能给贵公司的发展提供一些有益的帮助。为了更好地分析我们的方案能为贵公司带来多大的效益，我们需要一个不少于一个小时的会面。我并不能保证自己的看法全部真实、准确，但我们有很多的成功案例可以参考，所以我希望您能认真回答我几个问题，让我们来仔细分析贵公司的情况。您看怎么样？"

可以看出，两种不同类型的要求可以表达出两种不同的意思，第一种就是渴求对话，而第二种是为了发现并解决客户公司的问题，双方是一种合作关系，而非单纯的销售。

客户很多时候是很忙的，根本没时间去满足一位销售人员的乞求，他们更

关心一种能帮助自己提高效益的方式。这种方式能让我们摆脱低人一等的地位，建立双方平等对话的关系。虽然这样也会遭到很多客户的拒绝，但留下来的将是最优质的客户。

案例 102 以退为进，销售经理以一敌二，成功签订合同

周邯是 A 品牌休闲男装的区域经理，负责七省的业务。做完市场调研后，周邯没有再主动去拜访各个代理商，只是礼节性地电话回访和寄邀请函，力图获得以静制动的效果。其实在当初的市场调研过程中，他已经拜访过各地比较好的服装代理商，并与他们初步建立了友谊。

3 个月后，A 品牌发布会暨招商会正式召开，会议地点安排在邻近 Y 市的一个度假村。当天晚上是欢迎酒会，为意向客户接风。酒会上，很多区域经理特意将同一个市场的意向客户座位分开，严格保密。周邯则相反，有意无意地将同一个区的意向客户安排在一起，并逐一介绍。表面上看，这顿饭吃得有些尴尬，但效果出奇的好，因为第二天下午就有几位客户主动找他谈。

第二天，所有人都忙于品牌研讨、政策说明、参观公司、答谢晚宴，时间非常紧张。晚饭刚过，山东的刘先生与陕西的许先生就已经站在周邯门前，这两个客户是周邯非常看好的。刘先生与许先生一见面就一直在一起，许先生怎么选择，刘先生就怎么选择。

到底该以什么样的方式与他俩谈判呢？周邯心里也没底，只是不断思忖，希望找到良策，索性先拖延一下。泡好茶，寒暄几句，周邯说："我先去和其他客户打个招呼，然后我们再详谈好不好？"征得同意后，周邯就去了几个重要客户那里，对每个人都说晚上有点儿忙，过半小时后再来详谈。

大约 40 分钟后，周邯回到房间，两位客户已经等急了。谈判很快开始，周邯首先说："我只是一个区域经理，真正有权签约的是营销副总，我们今天只是谈谈，这次来的客户比较多，公司还是要有所选择的……当然，在我个人心目中，你们二位是最优秀的。你们做不好的市场，别人也不可能做得好。"

山东的刘先生说："以我们的市场经验，我们做不好的市场，恐怕别人也很难操作。今天我们也看了 A 品牌产品，说实话，产品确实挺好，但价格高，而且你们的政策一点儿都不优惠……不过，既然我们来了，而且也和您聊得很投机，所以如果条件宽松，还是可以考虑一下的。"陕西的许先生马上附和，并举了两个其他品牌的例子，大致是条件如何优惠。

A 品牌产品组合确实不是很成功，但这些都已经是不能更改的。顺着他们的话题谈下去，势必会把自己逼进死胡同。于是周邯岔开话题："二位认为加盟一个品牌，是一季产品重要，优惠政策重要，还是品牌的可持续发展更重要？"他们没有话说，因为他们承认 A 品牌的产品质量确实不错，于是最终与周邯签订了合同。

周邯在谈判中以退为进，没有表现得很主动，反而一再推迟双方的会谈，让客户等得着急后再回去，并且在遇到客户的质疑以后没有慌张，而是冷静地应对，气场强大，使自己的地位一直与客户对等，甚至掌握着谈话的主动权，从而成功签订了合同。

销售技巧

很多销售人员觉得客户总是在想方设法地为难自己。其实客户很忙，根本没有时间去考虑如何为难销售人员，他们只是不想将自己宝贵的时间浪费在无用的交谈上，而销售人员将自己的地位摆得越低，就越容易引起客户的反感。

二、想尽快达成协议——应该提出并解决问题

销售的目的就是尽早达成协议，签订合同，进而获取属于自己的收益，但对于追求合作关系的销售人员来说，达成协议本身并不是最终目的，他们更希望客户能通过与其合作来增加效益。

为了控制谈判的进程并尽快达成协议，很多销售人员会用一些暗示性的话语来引导客户。不可否认，这样的技巧能为自己增加胜率，但当我们过度使用时则有可能掩盖问题本身。我们只是想着如何达成协议，却忽略了客户所面临的问题是否能够得到解决。

很多销售人员在与客户见面时不断地提出成交要求，比如"如果我再给您降三个点，您是否同意呢？""您同意吗？""您想现在签订合同吗？"这样的话语如何能让客户将双方看作合作关系呢？不断要求尽快达成协议而忽视对方的问题，此时我们已经将双方看成是买卖关系而非合作关系。

要想和对方建立合作关系，首先要有合作的心态，管控自己的期望，将自己放在一个解决问题的立场上。拥有合作心态的销售人员会说："贵公司目前面临的问题是什么？""引起贵公司危机的深层因素是什么？"这些问题的答案可

能自己无法预测，但能让自己了解问题的真相。

想要成为优秀的合作型销售人员，需要改变自己急于求成的思维，必须做到以下两点。

1. 忽略结果

一心想着完成销售任务，还没见面就在琢磨怎么打动客户，使其同意签单，见到客户以后急于把自己的想法付诸实践，对客户狂轰滥炸，表现得很主动，很积极，这样做只会令客户吃不消，避之不及。因此，我们首先要让自己不太看重见面交谈的结果，也就是说不要总想着自己必须成交，这样才能将自己的关注点转移到解决客户的问题上。

2. 探求真实

真实情况有时不会赤裸裸地袒露在我们面前，这就需要我们提出问题并解决问题。但要注意的是，提问的目的是弄清真实，而非引导客户，不能用带有明显暗示性的话语，只有这样才能弄清真相，帮助客户解决问题。

案例 103　让客户“随便看看”的销售人员最吸引人，成功卖出衬衫

韦清打算买两件衬衫来搭配新西装，于是他走进一家男装店。

韦清一进去，销售人员就热情地过来招呼道：“您好，您需要什么？”

韦清试探性地说：“我想买衬衫。”

销售人员笑着说：“太好了，我把我们的衬衫拿给您看看，然后挑出您喜欢的。”

销售人员把韦清领到整架的衬衫跟前，把衣服一件件地从架上取下来摊开，问韦清“您觉得这件怎么样？”“这件呢？”

韦清受不了销售人员的盘问，只好无奈地说：“我只是看看，一会儿再回来。”然后匆匆走开，再也不想回去了。

后来的第 2 家、第 3 家以及第 4 家店都是如此，这让韦清非常失望。

韦清更加谨慎地走进了第 5 家男装店。

一进门，有位年长的销售人员从店中央迎面向他走来，抬头直视他的眼睛，并且面带微笑，很温和地说：“谢谢光临，请随便看看。”

“随便看看”这个词让韦清如释重负，于是他很轻松地四处逛了逛。

等韦清看了一会儿后，销售人员接近他，并且在离他两米的地方停住，问：“您今天有什么特别想看的东西吗？”

韦清告诉他：“我想买衬衫。”

销售人员没有直接带他去试衣服，也没有逼他选择，而是问：“您要在什么场合穿这些衬衫呢？”

韦清说：“我准备拜访客户时穿。”

销售人员又问：“您打算搭配哪种颜色的西装呢？”

当韦清告诉他颜色以后，他说：“您比较喜欢哪一种颜色的衬衫？您现在心里有想法吗？”

韦清说：“我还不确定要买哪种颜色，而且我也没想好要买什么价位的。”

销售人员说：“没关系，根据您的西装颜色和用途以及您本人的气质，我可以给您推荐一些衬衫，然后向您解释一下材质和价格上的差异，之后您就可以决定哪些衬衫更合适了。”

销售人员向韦清展示了很多衬衫，并且详细地解释了材质、剪裁、缝制、袖口、价格及维护方式，并且解释不同组合的西装领带如何搭配衬衫以展示最大的魅力。销售人员还在这个过程中询问韦清对每件衬衫的看法，并给予非常专业的建议。

半个多小时后，韦清拎着两大袋衬衫和领带走出那家店。销售人员将他送到门口，并递给他一张名片，对他说如果日后有任何问题或其他需要服务的地方，都可以随时打电话或再次光临。

韦清最后为什么选择了第 5 家服装店呢？因为销售人员给了他一种不一样的感觉，不像是销售商品，而是帮他解决困难，处理问题。这样的销售人员与客户就像一对合作伙伴，怎么能不引起客户的好感呢？

销售技巧

有时尽管我们提出了合理的解决方案，也可能没有赢来客户的订单，但不要灰心，这只不过是暂时的，只要拥有帮助客户的心态，与客户建立起合作关系，销售业绩一定会越来越好。

三、客户提出质疑和疑问——像咨询师一样回答客户

当客户提出质疑时，很多销售人员认为这是客户为了争取更好的条件所采取的策略，只要能够成功反驳，或者将客户的质疑用语言技巧转移到其他方面就可以了。

客户为什么要提出质疑呢？客户想要的是什么呢？当自己的问题被销售人员用各种方法反驳后，客户还有提出问题的欲望吗？如果客户不提出自己的问题，又该如何建立双方的合作和信任呢？因此，我们需要转变一下自己的观念，不去反驳客户的质疑，而是提出更直接的问题，让客户说出心中所想。

如果一直逃避问题，等到最后时刻才发现，原来客户根本不适合自己，那浪费的时间和精力又该如何补偿？

只有勇敢地面对客户的质疑，将客户没有想到的问题也提出来，在最早的阶段就达成一致，这样才能有效地拟订销售方案，提高成交率。

案例 104　可口可乐换新口味，因为忽略消费者的诉求而以失败告终

经过整整两年 20 多万人的双盲测试，1985 年 4 月，可口可乐公司在纽约举办了一次盛大的新闻发布会，宣布推出新可乐。可口可乐公司的总裁和 CEO 对这款全新口味的可乐打败百事可乐胜券在握。

可结果却出乎他们的意料，越来越多的忠实消费者开始抵制新可乐，因为他们认为放弃传统配方就等于背叛美国精神。

迫于巨大的压力，3 个月后，可口可乐公司的决策者们不得不做出让步，再次启用近 100 年历史的传统配方，可口可乐公司的新可乐推行计划以失败告终。

可口可乐在调研中询问了所有问题，唯独忘记了最关键的一个：你们是否需要一种新口味的可乐？

可口可乐公司在调研中忽略了一个最关键的问题，因而导致自己的新产品销售失败，不仅浪费了大量的资金和时间，还对自己的品牌造成了巨大的影响，被百事可乐公司进一步蚕食了自己的市场份额。

销售技巧

销售是一个为客户解决问题的过程，而要解决问题，就必须要有直面问题的态度，不但要认真考虑客户的问题，还要帮客户提出其可能担心的问题。我们要做客户的咨询师，帮其找到问题，给予专业解答并及时解决，只有这样才能更有效地成交。

四、客户永远是对的——事先设定客户期望

“客户永远是对的”，是指销售人员与某个客户打交道时，要以满足客户需求为己任，避免与客户发生正面的冲突和争执，注意沟通方式。

无论客户的意见与自己的看法有多大的出入，也要使沟通保持在一个友善、轻松的氛围中。即使最终没有办法说服客户，或者客户的态度很不友好，脾气火爆，也应该不卑不亢地友善应对，万万不可动火。

但态度不代表事实，在实际的销售活动中，不能事事顺着客户，一切以客户的意见为标准，否则只会让自己陷入无休止的麻烦之中。很多销售人员一心取悦客户，付出了很多努力却收效甚微。因为他们在费力讨好客户时已经将自己放在低人一等的位置了，无论出现什么问题都会变成销售人员的过错。

试想一下，当我们千辛万苦与客户达成了合作协议，信心满满地准备工作，客户却临时更改了内容，无奈之下只能按客户的想法做出调整，结果折腾了半天却错过了交货时间，最后被客户指责效率太低，还得赔偿客户的损失。

这并不是因为自己无法达到客户的要求，而是客户三番五次地更改内容，导致拖延了交货时间。可这种解释又有谁会听呢？如果经常出现这种情况，那就说明我们自己也有问题了，因为自己在谈判中未能提出对客户的期望。

我们要在与客户商讨合作时明确提出可能出现的问题和双方应该履行的义务，考虑为了完成目标，客户需要如何配合自己。比如“如果客户提出修改项目，他们是否可以增加资金和时间？”“如果客户无法及时提供相应的信息，我们怎么办？”“在整个合作过程中，客户方面是否有负责人员可供随时联系呢？”

良好的合作必须分工明确，而不是一方随意欺压另一方。我们要非常自信地在谈判中提出以上问题，使双方扮演好各自的角色，避免因对方的过错导

致交易失败。

案例 105　项目部人员陪同销售人员谈判，向客户提出各种问题收奇效

洪涛曾在一家设计公司工作，当时他在项目部，主要负责网页设计、App界面设计、平面设计、交互设计等工作。所有的项目都是业务部直接联系的，只是在协议达成后才负责设计。

业务部的销售人员为了提高销售业绩，总是用让步来讨好客户，以获得更多的订单。这可苦了洪涛所在的项目部，每个人都得面对客户的各种刁难，而且自己还不能反驳。很多时候客户临时起意的一个糟糕想法就让他们忙碌很久，但最后还是无法让客户满意，经常因此超过交货日期。

由于问题太多，抱怨太多，公司决定让项目部派出代表与销售人员共同参加谈判。项目部的人会在谈判中向客户提出各种要求，比如要求客户提供详细的信息，临时更改要增加资金和延长时间，整体框架必须保持一致等。这种做法遭到了很多客户的不满，但洪涛他们还是坚持了下来。

经过一段时间后，项目部大大提高了工作效率，产品的质量也越来越好，获得越来越多客户的认可。当初费尽心机讨好客户都没有达到目标，竟然就这样达到了。虽然公司暂时失去了很多业务，但这一切都是值得的，因为随着公司效率和产品质量的不断提高，越来越多的客户开始带着优质项目主动前来寻求合作。

销售是一种双向的互动行为，而不是我们费尽心机地讨好对方，对方不情愿地被动接受。只有让客户明白合作过程中可能会遇到的问题，明确其需求，经过协商达成权责分明的合作，才能让双方更好地达到各自的目标。

销售技巧

“客户至上”并不是盲目服从客户，要记住，自己不是对方的士兵，而是对方的盟友。“凡事预则立，不预则废”，只有将一切可能出现的问题事先约定好，这样才能最大限度地减少自己的麻烦，使销售活动顺利进行。

五、接洽者不是决策者——直接找管事的人

很多销售人员从不关心需求部门购买产品的理由，也不关心采购部门购买

产品的流程，更不关心采购人员的压力与需求部门的压力。至于一次重大采购对企业各层人员有什么样的影响，更是丝毫不重视。

这些销售人员一旦发现销售机会就会马上扑上去，逮住一个负责人就开始推销，根本不去考虑对方在这个采购活动中处于什么样的地位，是否拥有决策权。实际上，越是重大的采购活动越会牵扯到更多的人，决策者的地位也就越高，影响因素也会更多。

最让销售人员失望的就是谈了很久，到最后却发现对方根本没有决策权，也就是说自己之前做的都是无用功。

很多销售培训和销售技能都告诉我们要直接找决策者，但为什么很多销售人员还是企图逃避与对方高管见面呢？事实上，很多销售人员对决策者怀有很大的恐惧，总觉得对方身份地位很高，会看不起自己，会提出自己无法解决的问题，还没见面就在心态上输了一截。

这些销售人员缺乏自我肯定、自我尊重，习惯与基层人员沟通，期盼对方能为自己说好话，却不敢坐到决策者面前侃侃而谈。

很多销售人员之所以会产生这种恐惧感，是源于自己的经历——自己曾经被决策者刁难。可你是否想过，当自己坐在决策者面前时，是否给他带来了利益？是否理解他的格局？是否明白他的担忧？

一般高管人员并不喜欢与销售人员聊天，他们更关心的是这些产品能为自己带来多大的利益。要想让自己的讲述打动客户，我们需要的就不只是产品知识，而要上升到对方的层次分析问题。

当然，很多时候我们想见决策者却见不到，被对方公司的员工或秘书以一句“领导不在”就打发了，那我们应该如何去接触决策者呢？我们要了解以下两点。

A 决策程序　　B 权力关系

1. 决策程序

首先要明白对方的决策程序，也就是说采购活动是如何进行的，如果不明白对方的决策程序，只跟采购人员谈，最后发现是技术部门拥有决策权，那就白白浪费时间和精力了。

一些大型的采购活动可能会安排很多部门协作，但真正拥有决策权的往往还是某一部门，所以我们一定要弄清楚他们的决策程序。我们可以参照同行业的其他公司，或者通过与内部人员的沟通来获得关键信息。

2. 权力关系

很多公司虽然有不少部门，且每个部门都有专门的负责人，似乎找到这些负责人就可以了，但这只是表面现象。很多公司内部的权力关系错综复杂，有可能大事小事都由领导决定，也有可能一个小小的技术员就能让我们遭遇失败。

因此，我们不但要明白公司表面的部门结构，还要弄清楚实际上的权力关系。往往规模越大的公司权力结构也越复杂，“磨刀不误砍柴工”，多花费一些时间去了解对方，从侧面收集重要信息，会让自己的销售工作事半功倍。

销售技巧

和客户公司的某些人员谈论得再多，如果对方没有决策权，也是白白浪费时间和精力。因此，我们应该清楚客户所在公司的权力关系和决策程序，找对决策者，从而提高工作效率。